Max Josef Suda

Hinführung zur Meditation der Psalmen aus lutherischer Sicht

Max Josef Suda

Hinführung zur Meditation der Psalmen aus lutherischer Sicht

Fromm Verlag

Imprint

Publisher:
Fromm Verlag
is a trademark of
International Book Market Service Ltd., member of OmniScriptum Publishing Group
17 Meldrum Street, Beau Bassin 71504, Mauritius

Printed at: see last page
ISBN: 978-613-8-34899-3

Hinführung zur Meditation der Psalmen aus lutherischer Sicht

von

Max Josef Suda

Inhaltsverzeichnis

0. Vorwort

Meditation – dieses Wort kommt gar nicht so selten in unserem Alltag vor. Man weiß zumeist, dass damit ein Nachdenken (lat. *meditari* – nachdenken, *meditatio* – das Nachdenken) gemeint ist, wenn auch kein gewöhnliches, sondern ein ruhiges, dem Streit entnommenes oder entfliehendes. Meditation ist dabei von Haus aus mit Religion verbunden, vielleicht sogar mit „Mystik". Aber man braucht beim Meditieren keineswegs auf das ungewöhnliche und geheimnisvolle Phänomen der Mystik Bezug nehmen. Aber die Meditation entzieht sich dem Alltagsbewusstsein.

Freilich gibt es Leute, die sich besonders für Religionen, Riten und die dabei gelehrten Übungen interessieren, entsprechende Seminare, Kurse und/oder Wellnessveranstaltungen besuchen. Diese befleißigen sich dann zumeist der zen-buddhistischen Meditation, die aus der Yoga-Tradition kommt und manchmal auch zu therapeutischen Zwecken eingesetzt wird. Solche Techniken helfen dem burn-out-geplagten westlichen Workoholics zu entspannen und zur Ruhe zu kommen. Wer diese Techniken übt, dem ist fast immer klar, dass es sich nicht bloß um „Techniken" handelt, sondern um solche, die nicht ganz von ihrem (hinduistischen, buddhistischen) Hintergrund zu trennen sind. Die Meditationsübungen und das Meditationsbewusstsein fernöstlicher Religionen sind durch langandauernde Dialogprozesse bis zu uns gedrungen.[1]

Aber es gibt auch Meditations-"Techniken" aus jüdisch-christlichen Wurzeln, die man in der Bibel findet, und von denen her ich einiges darlegen will, wobei ich mich auf die Psalmen konzentriere. Die Psalmen sind Gebete, die man selber beten und von denen man sich Anleitung zur Formulierung eigener Gebete holen kann.

Sie sind gesammelte Gebetstexte im Alten Testament, also in der Hebräischen Bibel. Da müsste doch die erste Reaktion darauf sein, dass diese Gebete auch von uns wieder gebetet werden. Und dazu gibt es genug Anregungen. *Papst Benedikt XVI* etwa beschrieb das laut Radio Vatikan am 15. 11. 2011 folgendermaßen:

„Die 150 Psalmen drücken die menschliche Erfahrung Gott gegenüber mit ihrem ganzen Facettenreichtum aus. Durch sie haben sich die Beter in Lobpreis und Bitte an Gott gewandt. Auch uns wollen die Psalmen beten lehren. In ihnen wird das Wort Gottes zum Gebetswort. Wir beten sozusagen mit Gottes eigenen Worten, damit wir lernen, zu ihm zu sprechen, eine Sprache mit ihm finden können."[2]

Deshalb führten schon in der Antike viele Christen die jüdische Tradition weiter fort, die Psalmen zu beten, nämlich in der Ostkirche in griechischer, in der Westkirche in lateinischer Sprache. Die Westkirche folgte dabei bald der Ordensregel, die *Benedikt von Nursia* seinem Kloster Montecassino im Jahre 529

---

[1] Siehe z. B.: Brück, Michael von/ Lai, Whalen: Buddhismus und Christentum. Geschichte, Konfrontation, Dialog, München 1997; Bsteh, Andreas (Hg.): Sein als Offenbarung in Christentum und Hinduismus, Mödling 1984; Enomiya-Lassalle, Hugo M.: Zen und christliche Mystik, 3. Aufl., Freiburg i. Br. 1986; Sudbrack, Josef: Meditative Erfahrung – Quellgrund der Religion?, Mainz 1994

[2] http://liebt-einander.org/pg/de/gebet/papst_benedikt_das_beten.html (abgerufen am 24. 04. 2018); dazu: Benedikt XVI, Papst: Das Gebet der Psalmen, Illertissen 2013

gegeben hatte. Alle 150 Psalmen wurden in jeder Woche einmal gebetet. Manche Psalmen sind kurz, andere aber lang.

Und nun stelle man sich die Länge des gesamten Psalters (= des Psalmenbuches, 150 Psalmen) vor, nicht sehr lang, aber doch beträchtlich: In der lateinischen Handschrift „Werdener Psalter" umfasst der Text der Psalmen 190 Seiten,[3] in Luthers letztgültiger Übersetzung 77 Seiten (zweispaltig),[4] in meiner Lutherbibel 71 Seiten (zweispaltig)[5]. Das ist ziemlich viel! Vor allem, wenn man sich darüber klar wird, dass die vielen Aussagen über Gott und die Geschöpfe, sowie über das Verhältnis des Menschen zu Gott nicht so leicht die Kehle hinunter bzw. die Gedankenwege entlang gehen. Da müssten doch einige zusätzliche Überlegungen angestellt werden! Wahrscheinlich war das in der Antike und im Mittelalter nicht anders als heute...

Der Zwang, den sich die Westkirche in der Übernahme der Benedictusregel für alle Gläubigen auferlegen wollte, hielt nicht lange. Bald war klar, dass nur Mönche es eventuell schaffen würden, jede Woche alle 150 Psalmen durchzubeten, „eventuell", weil ja doch auch die Mönche zu arbeiten hatten: zu ihrem eigenen Lebensunterhalt und die Priester unter ihnen zur Betreuung von christlichen Gemeinden. Sie nahmen dann den Psalter am Abend und in der Nacht vor.

Jede Woche 150 Psalmen durchbeten, womöglich ein halbes oder ganzes Leben lang? Da muss Routine, mehr noch: Langeweile und Überdruss aufkommen. Und was ist mit dem in den Psalmen Gemeinten? Mit den einzelnen Wörtern und Sätzen? Werden sie durch unablässige Wiederholung nicht abgeschliffen bzw. zu bloßen Wortfetzen degradiert?

Über die Psalmen kann man aber auch meditieren, was nicht dasselbe ist wie beten. Das Meditieren *über, aus* und *mit* den Psalmen ist ein Nachdenken über ihre Worte, Sätze und Gedanken, die unsere eigenen Gedanken anregen können und sollen.

Das Meditieren steht im Übergang zwischen Religion und Lebenspraxis. Man spricht heute gern von der „Spiritualität", die gewissermaßen sowohl trennend als auch verbindend zwischen Meditation und Religionsausübung angesiedelt ist.

Freilich, auch von christlicher Meditation wissen die Menschen schon seit Langem: *Bildmeditation* über Motive der biblischen Geschichten und *Bibelmeditation* sind Ausdrücke, die einem Christen/ einer Christin durchaus etwas sagen können. Die *Bild*meditation können wir ausüben, wenn wir die Darstellung biblischer Szenen in kirchlichen Wandgemälden ansehen (die deshalb oft als

---

[3] Werdener Psalter, Faksimile-Ausgabe, Graz 1979, S. 2-79 (je Vorder- u. Rückseite, also 2 x 95 Seiten). Dieser Psalter wurde allerdings nicht in der Liturgie des Klosters Werden, sondern zum Textstudium verwendet.

[4] Biblia. Das ist: Die gantze Heilige Schrifft (Luthers Bibelübersetzung), Wittenberg 1545, Nachdruck, Stuttgart 1983, S. CCLXXXIX (Rück-) – CCCXXIX (Vorderseite)

[5] Die Bibel nach der Übersetzung Martin Luthers (revidierte Fassung von 1984), Stuttgart 1985, S. 553-624 – Alle Leser können gerne die neueste Revision der Lutherbibel verwenden: Die Bibel nach Martin Luthers Übersetzung, revidiert 2017, Stuttgart 2017. Diese Revision greift öfter auf ältere Wörter und Formulierungen Luthers zurück als die Revision von 1984. Diese älteren Wörter und Wendungen habe ich aber bereits in der Faksimile-Ausgabe von 1545 zur Verfügung.

„Biblia pauperum“, Bibel der Armen genannt wurden). Bei der Lektüre der historischen Bücher der Bibel ist es möglich, sich einzelne Gestalten und Geschehnisse vorzustellen und damit zugleich *Bild*- und *Bibel*meditation zu betreiben. Aber was sollen wir uns bei der Lektüre der Psalmen vorstellen? Den betenden oder singenden Menschen? Die betende oder singende Gemeinde?

Dies tritt in Verbindung mit der Frage: Was ist *Psalmenmeditation?* Wenn nämlich die Meditation sich auch vom Gebet unterscheidet, so gibt es doch Analogien vom Einen zum Anderen. In den Psalmen finden wir nämlich nicht die Personen der biblischen Geschichte, aber doch Personen. Sollen wir uns bei der Meditation mit ihnen identifizieren? Sind die Worte des Psalmengebets an Gott gerichtet, dann an ein Du bzw. an ein Er (denn Gott wird in den Psalmen nicht nur in der 2. Person, sondern oft auch in der 3. Person genannt). Sollen die Meditierenden sich ebenso wie Betende auf Gott hin orientieren, wie ein Ich, das zu Gott spricht und Überlegungen über sich, seine Mitmenschen, seine Feinde, sein Leben und Sterben, seine Krankheiten und die Zeitumstände angesichts Gottes anstellt, oder wie ein Wir – denn auch die Meditation einer Gruppe ist vorstellbar und kommt in der Tat vor, in der die Einzelnen in einer Gruppe oder Gemeinde im Gedankenaustausch ihre Gedanken durch die Worte eines Psalms aussprechen?

Die Gebetseinstellung ist aber der Meditation deshalb nicht angemessen, weil sie auch über Gott, seinen Begriff, seine Existenz nachdenken, und damit für die Nicht-Gläubigen offen sein soll.

0.1. Persönliche Stellungnahme

Es seien mir nun einige persönliche Worte gestattet: Die Psalmen, die ich zuerst in Luthers Übersetzung, dann in Hebräisch und Latein las, haben mich in meinem ganzen Leben begleitet: als Jugendlichen, als Theologiestudenten in Wien und Genf, als Assistenten und Dozenten. Sie waren mir manchmal zu nahe, manchmal zu ferne. Zu nahe, weil sie in ganz einfacher – ja fast banaler – Sprache Alltagsumstände und -gefühle beschreiben und in Gebetssprache ausdrücken. Zu ferne, weil das Gegenüber zu Gott (anscheinend) unermesslich tiefe und umfangreiche Kenntnisse zu erfordern scheint und schien, die ich als Theologiestudent erst erlernen wollte.

Viele Kenntnisse kann man lernen; die Kenntnis von Gott nicht. Aber sogar das ist falsch gesagt, denn dass man Gott *nicht lernen* könnte, hieße, dass sein Nichtlernen ein Lernen wäre, eine solche Aussage, die das Nichtwissen über ihn als Wissen ausgeben würde, was entweder zum Atheismus oder zum Agnostizismus führte. Der Atheismus behauptet die Nichtexistenz Gottes, womit er aber gezwungen ist darzulegen, wer oder was das ist, der oder das nicht existiert. Er müsste also einen Beweis für die Nichtexistenz Gottes führen, von dem er aber keine Kenntnis habe. Ähnlich der Agnostizismus, auf den sich so manche Leute im Westen berufen, um sich nicht der abwertenden Bezeichnung "Atheisten" auszuliefern. – Wenn man aber von etwas oder jemandem nichts weiß, muss man wiederum genau sagen, was oder wer das ist, von dem man nichts weiß. "Ich weiß überhaupt nichts, wird wohl niemand" von sich behaupten wollen. Wenn Sokrates sagte: "Ich weiß, dass ich nichts weiß", war er für jede Belehrung offen...

Sollte man vielleicht formulieren: Gott existiert und existiert zugleich nicht? – Auch das erforderte die Kenntnis Gottes als des zugrunde liegenden Subjekts. Oder: Weder stimmt es, dass Gott existiert, noch, dass er nicht existiert?[6] – Ditto!

Ist es also am besten, das Wort und den Begriff „Gott“ überhaupt aufzugeben? „Leider“ oder „Gott sei Dank“ können wir das nicht. Ich zitiere Karl Rahner: „...*wir hören erleidend das Wort ‚Gott'*, es kommt auf uns in der Sprachgeschichte, in die wir, ob wir wollen oder nicht, eingefangen sind, die uns, den einzelnen, stellt und fragt, ohne selbst in unserer Verfügung zu sein.“[7] – Das bedeutet natürlich nicht, dass wir stante pede das ganze Christentum mit seinem Gottesglauben (auch das Judentum und den Islam) "schlucken" müssen. In unserer Sprachgeschichte (der alten deutschen, der griechischen, lateinischen, sogar der hebräischen) kommt ja das Wort „Gott“ auch im Plural vor: „Götter“, oder im Femininum: „Göttin, Göttinnen“. Sogar die Ablehnung des Wortes „Gott“ (mindestens seiner Bedeutung) im Atheismus und Agnostizismus gehört zu unserer Sprachgeschichte; und genauso die Übergehung von Gott im Buddhismus, der ja eine Weltreligion und auch schon seit etwa 200 Jahren bei uns bekannt ist!

Wir haben also das Wort „Gott“ in unserer Sprache. Es kommt in der Bibel, in Katechismus und Dogmatik, in der Religionsphilosophie sowie in banalen Äußerungen vor. Sollten wir es nicht überall zu verstehen suchen, anstatt dass wir im eingelernten angeblichen Wissen, was dieses Wort sagen will, darüber hinweg gehen?

Ich selber bemühte mich ab einem (nicht mehr genau erinnerten Zeitpunkt), das Wort „Gott“ erst einmal in den Psalmen zu verstehen zu suchen.

Schon dort kommt es oft vor, aber sprachlich gar nicht so eindeutig, wie man glauben möchte: Z. B. ist das wichtigste Wort für Gott, „Elohim“, sowohl singular als auch Plural. „Elohim“ als Singular kann man als pluralis majestatis (erhöhenden Plural) verstehen, wie letztlich unsere Höflichkeitsform „Sie“ ein „pluralis majestatis“ ist, oder aber als echten Plural: In den Psalmen ist nämlich sowohl von falschen Göttern (Elohim), als auch von Elohimwesen, die dem einen Gott untergeordnet sind, die Rede. Schon darüber gibt es an den jeweiligen Psalmstellen manches zu meditieren, nämlich was dort gemeint sei oder wir selber daraus lesen können...

Dann der Hauptname Gottes im Alten Israel: JHWH (mit Vokalen: Jahwe), der im Judentum nicht mehr ausgesprochen, sondern durch einen neuen <Gottes->Namen,

---

[6] Ich verwende hier die Dialektik des buddhistischen Philosophen Nagarjuna (2. nachchristl. Jahrhhundert), die möglicher Weise schon der historischen Buddha (mindestens dem Sinne nach) angewendet hat: Weder gibt es Gott, noch gibt es ihn nicht. Es gilt auch nicht, dass es ihn zugleich gibt und nicht gibt, und geradeso wenig, dass es ihn weder gibt noch nicht gibt. – Um nicht dem Gottesbegriff ausgeliefert zu sein, hat Nagarjuna in der Folge die buddhistische Theorie der Leere (Sanskrit *śūnyatā*) alles Sein entwickelt. (https://de.wikipedia.org/wiki/Nagarjuna) [gelesen am 28. 04. 2018]

[7] Rahner, Karl: Grundkurs des Glaubens. Einführung in den Begriff des Christentums, Sonderausgabe, 8. Aufl., Freiburg/ Basel/ Wien 1997, S. 60 [Hervorhebung im Original]

Adonaj = Herr ersetzt wurde. Da der Gottename JHWH etwa gleich oft wie Elohim in den Psalmen vorkommt, lassen sich so manche religiöse und Glaubensgedanken daran knüpfen! Ich erwähne noch kurz andere wichtige Gottesnamen: El (= Gott), Shaddai (= der Almächtige), Eljon (= der Höchste) [die Übersetzungen sind jeweils nicht 100% sicher.]

Neben der Aufgabe, „Gott“ in dem begrenzten (gleichwohl weit ausgedehnten) Bereich der Psalmen zu verstehen, wurde mir bald klar, dass viele elementare *Lebensverhältnisse* in den Psalmen berührt werden. Ich konnte mit ihnen aus der differenzierten westlichen Gesellschaft zurückgehen auf das vielfältige Miteinander der Menschen: Liebe, Freundschaft, Feindschaft, Bedrohung durch Krankheit und Tod, Freude an der Schöpfung und am Geborgensein im Leben. Dazu tritt in den Psalmen eine Selbstreflexion, die unter dem Titel „Sündenbewusstsein“ uns modernen Menschen mehr verborgen als bewusst ist. Wir glauben, die Beaufsichtigung durch einen strafenden Gott abgeschüttelt zu haben, bemerken aber nicht, dass in den Psalmen unter dem Oberbegriff „Sünde“ negative Selbstverhältnisse und negative mitmenschliche Verhältnisse thematisiert werden, die uns seit jeher begleiten: Bosheit, Lüge, Neid, Schuld, kurz: alle unsere persönlichen Fehler. Daneben kommen in den Psalmen Bedrohungen und Untaten vor, die sich zwischen Gruppen und Völkern abspielen: Benachteiligungen, Überwältigungen und vor allem: Krieg.

Sodann fiel mir plötzlich einmal auf, wie viel und wie oft in den Psalmen vom Singen und Musizieren die Rede ist. Wenn die Überschriften, wie zu vermuten ist, manchmal auch erst später hinzugefügt worden wären, so sind doch die Überschriften von Psalm 4 „Ein Psalm Davids, vorzusingen beim Saitenspiel“ (z. B. Psalm 61, 1) und von Psalm 5 „Ein Psalm Davids, vorzusingen, zum Flötenspiel“, charakteristisch. Das sagt uns nun aber, dass die Psalmen Dichtung, Poesie sind: religiöse Dichtung.[8]

Von daher ergibt sich, dass den Psalmen keine dogmatische, sondern, wenn ich so sagen darf, „poetische Autorität“ zugeschrieben werden muss. Was sie sagen, besser: was sie dichten und singen, ist nicht festgelegt, sonder auf Variation, damit auch auf Meditation und poetische Umformung hin offen. Wenn es mehrmals in Psalmen, so z. B. In Psalm 149, 1 heißt: „Singet dem HERRN ein neues Lied“, dann bezieht sich das zwar zuerst auf diesen Psalm selbst, aber auch darauf, dass die religiöse Dichtung der Psalmen auf Erneuerung, Erweiterung und zusätzliches Dichten und Denken hin ausgerichtet ist. Und Meditation ist eben ein erweiterndes, improvisierendes und neu ansetzendes Denken.

0.2. Luthers Meditationsregeln

Luther hat zwei Psalmenvorlesungen[9] und viele weitere Einzelauslegungen von Psalmen gehalten. Diese kenne ich zum Teil, schreibe aber im Wesentlichen aus

[8] Es war Johann Gottfried HERDER, der in seiner Schrift "Vom Geist der <h>ebräischen Poesie" (1782/1784) die biblischen Psalmen zum ersten Mal ausdrücklich als Dichtungen würdigte.

[9] Dictata super psalterium 1513-1516 (WA 3 u. 4); Operationes in psalmos (Ps. 1-21/22 (WA 5)

heutiger Sicht und spreche weder Luther nach noch will ich ihn übermäßig oft zitieren. Ich darf aber von mir berichten, dass ich mich grundsätzlich an Luthers Meditationsanweisungen orientiere und diese hier daher auch vorstellen will.

Luther hat die mönchische Meditationspraxis, der er in seiner Frühzeit zweifellos verhaftet war, umgeformt und das Meditieren einem besonderen Stand, nämlich dem Mönchs- und Nonnenstand, entrissen und es in Anweisungen und beispielhaften Predigten allen Christen nahegebracht. In der Meditation soll sich der Mensch, meint Luther, nicht hinter liturgischen Gebeten und hinter noch so gescheiten Theologenmeinungen verstecken, sondern soll und darf sich ganz individuell den Grundlagen und Grundfragen der biblischen Religion aussetzen.

Luther hat eine *Meditationsregel* aufgestellt, die da lautet: „... sollst du meditieren <Luther schreibt ‚meditirn'>, das ist: Nicht allein im Herzen, sondern auch äusserlich die mündliche Rede und buchstäbliche Wort im Buch immer treiben und reiben, lesen und wiederlesen, mit fleissigem Aufmerken und Nachdenken, was der heilige Geist damit meinet.“[10] Wir sehen hier deutlich, dass für Luther Meditation im wesentlichen Bibelmeditation und daher auch Psalmenmeditation bedeutet. Das gemeinte „Buch“, das wert ist, so intensiv vorgenommen zu werden, ist zweifellos die Bibel.[11] Das meditierende Bibellesen beschreibt Luther nun unvergleichlich plastisch mit „treiben und reiben, lesen und wieder lesen“. Meditation ist also

a) eine äußerliche Übung. Luther empfiehlt neben dem Lesen mit den Augen auch ein hörbares Sprechen der gelesenen Worte. Das Meditative liegt in der immer neuen Zuwendung zu den Wörtern und Sätzen.[12] Diese äußerliche Übung ist freilich zum wenigsten ein mechanisches Wiederholen als vielmehr

b) eine geistige Anstrengung („fleißiges Aufmerken und Nachdenken“). Luther zielt dabei nicht auf dieselbe intellektuelle Tätigkeit, wie sie im Wissenschaftsbetrieb vorkommt: philologische Studien, Vergleiche von Exegetenmeinungen zur Stelle, sondern auf eine derartige geistige Anstrengung des Meditierenden, durch die er selber versteht, was genau die vorliegenden Worte sagen. Die Befassung mit den Textworten kann nicht intensiv genug geschehen. Luther: „Und hüte dich, das du nicht überdrüssig werdest oder denkest, du habest es ein Mal oder zwei genug gelesen, gehöret, gesagt, und verstehest es alles von Grund auf, denn da wird

---

[10] Luther, Martin: Werke. Kritische Gesamtausgabe, Weimar 1883 ff. (hinfort WA), Bd. 50, S. 659, 22-25 (Ich passe hier Luthers Sprache vorsichtig ans moderne Deutsch an. Manchmal im Folgenden zitiere ich Luther im Original – bei einiger Bemühung können wir ihn noch lesen.) Dies steht unter dem Titel "Eine rechte Weise in der Theologia zu studieren". Luther kennt hier drei Weisen: Oratio=Gebet, Meditatio und – das ist unerwartet – Tentatio=Versuchung (Prüfung, Anfechtung).

[11] Zwei Absätze vorher hat es geheißen: "Erstlich sollst du wissen, das die heilige Schrift ein solch Buch ist, das aller andern Bücher Weisheit zur Narrheit macht, weil keins vom ewigen Leben lehret als dies allein." (WA 50, 659, 5-8) Das gilt umso mehr für die Psalmen: z. B. Ps. 51, 8: "Siehe, dir gefällt Wahrhheit, die im Verborgenen liegt, und im Geheimen tust du mir Weisheit kund."

[12] Nicol, Martin: Meditation bei Luther, 2. Aufl., Göttingen 1991, S. 55 ff., untersucht das Vorhandensein der mittelalterlichen Vorstellung des "ruminare" ("Wiederkäuens") bei Luther für das meditative Wiederholen von Worten.

kein sonderlicher Theologus nimmer mehr aus dir, und solche sind wie das unzeitige Obst, das abfället, ehe es halb reif wird."[13] Es ist eine gewöhnliche Erfahrung, dass beim einmaligen Lesen eines Textes so manche Zusammenhänge verborgen bleiben. Gewichtige Texte verlangen daher ein mehrmaliges Hin- und Herwenden, ein Memorieren und genaues Ausloten.

c) Bemerkenswert gegenüber anderen Formen der Beschäftigung mit Texten ist auch, dass das Meditieren weder in den Text eingreift (also nicht in ihn „eindringen", ihn auch nicht „entschlüsseln" will), noch sich auch seiner bemächtigt (ihn nicht „erfassen", „begreifen", „sich aneignen", ihn „aufnehmen", „rezipieren" will. Schon das Verbum „verstehen" würde zu viel Manipulation mit dem Text besagen, insofern die Silbe „ver" dem „stehen" eine perfektive Bedeutung verleiht, die ein irgendwie Zu-Ende-Kommen mit dem Text, ihn „zum Stehen bringen" bedeutet. In der Meditation wird der Text vielmehr so gelassen, wie er von sich aus dasteht, er wird beachtet, betrachtet. Der/ die Meditierende greift nicht in den Text ein, sondern sinnt und denkt über ihn nach, merkt auf ihn, achtet auf den Zusammenhang der Worte. Das Aufmerken und Nachdenken überschreitet sich nach Luther schließlich selber, gibt sich nahezu auf, wird passiv, indem es sich

d) darauf richtet, „was der heilige Geist damit meinet". Der Meditierende soll nicht auf seine eigene Interpretation und seinen eigenen Geist gerichtet sein, sondern er soll seinen Geist auf den heiligen Geist richten. Da Luther ohne jeden Zweifel das vom heiligen Geist mit den biblischen Worten Gemeinte als die Wahrheit des Textes ansieht, ergibt sich daraus auch die Bedeutung der Meditation für die Bibelexegese und fürs ganze Leben.

Vergleichbares schreibt Luther auch über die Meditation des Katechismus. Denn die Teile „10 Gebote" und „Vaterunser" sind ja biblische Texte, die ähnlich wie die Psalmen tiefen geistlichen Gehalt besitzen. Und so schreibt Luther zur Katechismusmeditation: „Denn ob sie es gleich allerdinge aufs allerbeste wüßten und könnten (das doch nicht müglich ist in diesem Leben), so ist doch mancherlei Nutz und Frucht dahinden, so mans täglich lieset und ubet mit gedanken und reden, nemlich das der heilige Geist bey solchem lesen, reden und gedenken gegenwertig ist und immer neue und mehr liecht und Andacht dazu gibt, das es immerdar besser und besser schmeckt und eingehet..."[14] Meditation bedeutet also letztlich eine geistige Veränderung der Meditierenden: Hinordnung und Öffnung unseres Bewusstseins auf die Inspiration durch den heiligen Geist.

0.3. Ganz einfache Meditationen

Nun aber einen Schritt zurück! Wie bei allen Dingen ist es auch beim Meditieren naheliegend, mit dem ganz Einfachen anzufangen. Im Prinzip können wir alle meditieren und tun es sogar, ohne es zu wissen. Manchmal sagen wir uns eine Nummer, einen Namen oder einen Satz ein paar Mal vor, um ihn uns zu merken,

---

[13] WA 50, 659, 25-29

[14] BSELK. S. 918 = BSLK, S. 549

weil wir ihn vielleicht gleich brauchen werden. Wir *wiederholen* etwas. Wiederholen ist der Anfang der Meditation.

Wiederholungen von *Psalmversen* oder anderen biblischen Sätzen bzw. Abschnitten sind ganz einfache Meditationen. Nimm einen Psalmvers; außer den Überschriften, die erst später dazugekommen sind, eignen sich fast alle. Ein Psalmvers sagt dir etwas. Bleibe dabei. Übersetze ihn dir in deiner Muttersprache. Wende jedes Wort nach der einen oder der anderen Seite. Bleibe bei dem festen Wortlaut. Was bedeutet er? Wenn du davon abkommst, wende dich ihm wieder zu. Nochmals und wieder. Heute, morgen, übermorgen. Es gibt Psalmverse, die haben die Kraft, uns sehr viel zu sagen. Je länger, je mehr. Bleiben wir dabei!

Man kann Psalmverse, ganze Psalmen, das Vaterunser, längere und x-beliebige Texte oder aber auch nur einzelne Wörter oder Wortgruppen zur Meditation heranziehen und sie dabei immer und immer wiederholen. Das hat so lange etwas mit Meditation zu tun, als ein größeres Maß an Aufmerksamkeit auf die Worte, ein Nachdenken, zu Stande kommt, nicht jedoch, wenn die Wiederholungen nur mechanisch geschehen.

So wäre es keineswegs falsch, einen Grundtext von Juden- und Christentum wie die Zehn Gebote noch und noch zu wiederholen und dabei auf die Inhalte und Ziele dieser Gebote zu achten. In wie vielfältiger Weise sind doch die einzelnen Gebote anwendbar und wie viele verschiedene Situationen gibt es, in denen sie gelten! Das kann Meditation zur Geltung bringen.

Ähnlich wie die Zehn Gebote können andere Bibeltexte auswendig gelernt und dabei meditiert werden. Auswendiglernen und über das Gelernte nachzudenken verbinden die Hinwendung auf Bibeltexte, Gedächtnisübung und Meditation. An derartiges denken wahrscheinlich viele, wenn sie das Wort „Meditation" hören oder lesen. Nur wenn die Wiederholungen bloß mechanisch werden, ein Gemurmel, Geleiere, ein hörbares oder inneres Plappern, ist es mit jeder Meditation zu Ende. Bloße Gedächtnisübungen, um sich geistig fit zu halten, sind auch keine Meditationen.

Ohne die genannten ganz einfachen Meditationen gering zu schätzen, schlage ich in der Folge andere, manchmal z. T. kompliziertere Methoden zum Meditieren vor.

\- - -

Manche Psalmen verwende ich in der Folge ziemlich oft, z. B. Psalm 27 u. a. Das rührt daher, dass ich sie auswendig kann, sie mich schon viel beschäftigt und mir selber zum Meditieren Anlass gegeben haben; dadurch entstehen keine Verdoppelungen, sondern ein und derselbe Psalmvers wird unter verschiedenen methodischen Gesichtspunkten behandelt.

Von den Psalmenkommentaren (siehe Literaturverzeichnis) berücksichtige ich ausschließlich die beiden folgenden: den von Artur Weiser, weil er sich nahe am Luthertext bewegt, und den von Michell Dahood, weil er die Erweiterung der Hebräischen Philologie hin auf die kanaanäische Sprache von Ugarit besonders eingehend berücksichtigt hat. (Die Stadt Ugarit wurde 1929 entdeckt, ausgegraben, und eine große Zahl von Texten traten zu Tage.) Hebräisch selber ist der Sprache von Ugarit, einer Sprache Kanaans nahe.

Ich erhebe nicht den Anspruch, eine korrekte Auslegung der Psalmen vorzulegen, sondern nur Anregungen zu Meditation einzelner Psalmverse.

Meiner Ehefrau, Ursula, danke ich aufs Herzlichste bei der Hilfe von Computer- und Formatierungsproblemen, für eine sprachliche Korrektur des Textes sowie überhaupt für die Begleitung meines Lebens. Sie war die erste kritische Leserin dieses Büchleins.

Wien, im September 2018 — Max Josef Suda

1. Übersetzungen innerhalb der Muttersprache

Es wird nicht übermäßig viele Leute geben, denen die althebräische Sprache der Psalmen geläufig ist. Mir ist sie zwar nicht völlig „geläufig“, aber ich habe sie gelernt und geübt und sie ist mir lieb. Ich kann also vom Althebräischen ins Deutsche übersetzen. Für das Meditieren schlage ich aber hiermit Übersetzungen innerhalb der Muttersprache vor. Diese Methode ist sogar den Psalmen selber abgeschaut, die das poetische Mittel anwenden, im „Parallelismus membrorum“ (Parallelität der Glieder) ein und desselbe zweimal zu sagen, was ich schon erwähnt habe und noch erwähnen werde. So heißt es z. B. in Ps. 103, 10 von Gott: „Er handelt nicht mit uns nach unseren Sünden/ und vergilt uns nicht nach unserer Missetat.“ Dieser Parallelismus kann man als eine Art Meditation auffassen. Denn der zweite Satz wiederholt nicht nur, sondern „übersetzt“ auch den ersten. Der Psalm ist damit in sich selber Meditation. Wie wir so übersetzen können, werde ich gleich anschließend im 1. Beispiel demonstrieren.

Die wiederholende Übersetzung innerhalb der Muttersprache ist somit keine Ersatzhandlung, nichts Minderes, sondern etwas zum Meditieren Geeignetes. Und das sei ein weiterer Hinweis: Die ChristInnen haben ja schon bisher in Wiederholungen und abermaligen Wiederholungen die Psalmen auf Griechisch, Lateinisch, Deutsch etc. ohne Minderwertigkeitskomplexe übersetzt und *gebetet*.

Das Meditieren innerhalb der Muttersprache besteht also darin, dasselbe wie die Worte eines Psalms, nur *anders* zu sagen.

1.1. Psalm 1, 1-2

„Wohl dem, der nicht wandelt im Rat der Gottlosen noch tritt auf den Weg der Sünder noch sitzt, wo die Spötter sitzen,
sondern hat Lust am Gesetz des HERRN und sinnt über seinem Gesetz Tag und Nacht!“

Wahrscheinlich ist es nicht falsch, bei einer Aleitung zur Psalmenmeditation mit dem 1. Psalm einzusetzen...

Der erste Satz hat drei Glieder, also selber schon zwei Wiederholungen, i. e. „Übersetzungen", was sonst eher selten vorkommt. Diese 3 Glieder bilden Parallelen. Sie verwirklichen das poetische Mittel des *parallelismus membrorum* (Parallelismus der Glieder), der sonst fast immer aus 2 Gliedern besteht, in einer eigenen Variante, nämlich hier ausnahmsweise in drei Gliedern. Der zweite Satz steht außerdem zum ersten im Verhältnis des „antithetischen (gegensätzlichen) Parallelismus“, was wir hiermit auch kennenlernen.

Wollen wir nun meditierend übersetzen, können wir etwa sagen: Glücklich oder selig oder gut beraten, wer sich nicht an die Gottlosen hält, nicht mit den Ungläubigen denkt, lebt bzw. geht, noch die Richtung der Gesetzesübertreter und der Böswilligen einschlägt, noch sich über Religion, Ethik und Moral lustig macht, sondern die 10 Gebote Gottes einhält und nicht nur einmal, sondern oftmals – sehr oft, auch in der Nacht – darüber nachdenkt.“ – Weitere Variationen sind denkbar...

An dieser Stelle darf ich darauf hinweisen, dass Luther seine reformatorische Einsicht durch Meditation gewonnen hat, wie er selber in einem seiner spätesten Texte, nämlich der Vorrede zum 1. Band der Gesamtausgabe seiner lateinischen Schriften (1545), dem sog. „großen Selbstzeugnis“ schreibt, wo er, wie in diesem Psalm das Tag-undNacht-Meditieren anführt:[15]

„Bis ich mit der Hilfe des barmherzigen Gottes Tag und Nacht meditierend auf den Zusammenhang der Wörter achtgab, nämlich: 'Die Gerechtigkeit Gottes wird in ihm [scil. im Evangelium] offenbart, wie geschrieben steht: Der Gerechte lebt aus dem Glauben.' Da begann ich, die Gerechtigkeit Gottes als eine solche zu begreifen, in welcher der Gerechte durch Gottes Gabe lebt, nämlich aus Glauben... Da fühlte ich mich ganz und gar neu geboren und durch offene Pforten geradewegs ins Paradieses hineingegangen zu sein."[16] – Luther hat seine reformatorische Einsicht durch Meditieren gewonnen: tage- und nächtelang (dies et noctes), bestimmt wahrheitsgemäß im Plural ausgedrück, während es in Psalm 1,2 „Tag und Nacht“ heißt! Die Bibelstelle, über die Luther meditiert, ist Röm. 1, 17. (Sie ist im Text zitiert.) – Meditation kann also große Folgen haben!

1.2. Psalm 22, 2

„Mein Gott, mein Gott, warum hast du mich verlassen?“

Hier greife ich einen ganz wichtigen Psalmvers für uns Christen auf. Wir können ihn meditieren, schrecken aber in gewisser Weise davor zurück.

Diesen Vers hat nach Matthäus 27, 46 und Markus 15, 35 Jesus am Kreuz gebetet: Der Vers musste damals und muss heute erschüttern. Aber er stammt aus der Hebräischen Bibel, von wo ihn Jesus kannte, und der Vers kann zeigen, wie ein Frommer des Alten Testaments nahezu – oder wirklich – an Gott zweifelt oder verzweifelt. Und geht es nicht vielen ChristInnen oder Zweifelnden auch heute wieder so? Aber – das ist die andere Frage – gibt es die gänzlich Gefestigten, die keine Verlassenheit durch Gott verspüren oder je verspürt haben?

Dieser Vers ist aber auch deshalb erschütternd und herausfordernd für alle ChristInnen, weil er darauf hindeuten könnte, dass Jesus seine Sendung als gescheitert betrachtet hat. Bekommen damit nicht die AtheistInnen und AgnostikerInnen Recht, die vermuten, mit der Religion sei kein Staat zu machen? Oder darf man sich an die christlichen Deutungen halten, (a) Jesus habe sich selbst geopfert, (b) Jesus habe als Stellvertreter für die Sünden der Welt den Tod erlitten

[15] Die ursprüngliche reformatorische Einsicht Luthers (manchmal mit dem sog. „Turmerlebnis“ identifiziert) ist schwer zu datieren, etwa zwischen 1515 und 1518.

[16] WA 54, 186, 3ff. ("Donec miserente Deo meditabundus dies et noctes connexionem verborum attenderem, nempe: Iustitia Dei revelatur in illo, sicut scriptum est: Iustus ex fide vivit, ibi iustitiam Dei coepi intelligere eam, qua iustus dono Dei vivit, nempe ex fide... Hic me prorsus renatum esse sensi, et apertis portis in ipsam paradisum intrasse. ")

oder (c) Gott selber habe sich in seinem Sohn dem Todesschicksal aller Lebewesen ausgesetzt? – Schon die Mehrzahl der Deutungen des Ausrufes Jesu mit diesem Psalmvers innerhalb der Theologie- und Christentumsgeschichte zeigt, dass die ChristInnen kaum je damit zurecht gekommen sind. Eine der Fragen dabei lautet, ob Jesus nur den angeführten Psalmvers oder den gesamten Psalm gebetet habe; denn der Psalm weist im 2. Teil hoffnungsvolle Worte und Verse auf, z. B.: "Auf dich bin ich geworfen von Mutterleib an, du bist mein Gott von meiner Mutter Schoß an." (V. 11) Oder: "Aber du HERR, sei nicht ferne; meine Stärke, eile, mir zu helfen!" (V. 20) Und: "Dich will ich preisen in der großen Gemeinde, ich will mein Gelübde erfüllen vor denen, die ihn fürchten." (V. 26)

Nun zu möglichen Übersetzungen innerhalb der Muttersprache: I) Mein Gott, mein Gott, warum stehst du mir nicht bei? II) Mein Gott, mein Gott, warum lässt du mich im Stich? III) Mein Gott, mein Gott, warum greifst du nicht zu meinen Gunsten ein? IV) Mein Gott, mein Gott, warum lässt du diese Krankheit über mich kommen? (Jetzt nicht auf Jesus bezogen) V) Wieder bezogen auf Jesus: Mein Gott, mein Gott, warum holst du mich nicht vom Kreuz? VI) „Verlassen“ braucht seltsamer Weise aber nicht nur negativ verstanden zu werden: Ein Vater kann z. B. sein Kind „lassen“, „zurücklassen“ (auch das entsprechende hebräische Wort im Psalm, *asavta*, bedeutet das) um es in Freiheit zu setzen, damit es dann *gelassen* seiner Wege gehe.

Ja das gesamte Christentum hat bekanntlich und in erstaunlicher Weise schon kurze Zeit nach Jesu Kreuzestod die Verlassenheit und den Tod Jesu nicht als Scheitern, sondern als heilbringend verstanden. (Siehe oben die Punkte a, b und c!) Damit haben die ChristInnen nicht etwa *Gelassenheit* gegenüber dem Tod Jesu zu erkennen gegeben, nein, sie haben sich gerade durch diesen Tod sogar so auf Jesus *verlassen*, dass viele von ihnen (und auch heute wieder gar nicht wenige) die "dogmatische" Bedeutung des Kreuzestodes so in den Vordergrund stellen, dass sie – in völliger Umkehr des *Verlassens*! – den Ruf Jesu in seine Nachfolge völlig *außer Acht lassen* und damit Jesus kurzerhand *verlassen*.

1.3. Psalm 27, 1

"Der Herr ist mein Licht und mein Heil; vor wem sollte ich mich fürchten?
Der Herr ist meines Lebens Kraft; vor wem sollte mir grauen?"

In diesem Vers sollten wir uns zuerst an die Hauptwörter machen und diese übersetzen: statt " Der Herr ist mein Licht" etwa: Der Herr ist meine Leuchte, meine Sonne, meine Erleuchtung – mit "Erleuchtung" würden wir einen tiefen religiösen Sinn ins Auge fassen. "Licht" könnte sowohl bedeuten, ein Licht am Ende des Tunnels, das mir Hoffnung gibt in hoffnungsloser Zeit, oder aber ein Licht, das mein ganzes Leben bescheint und umleuchtet.

"Der Herr ist mein Heil"? Hierbei können wir sowohl an Heilung als auch an Gesundheit, Glück und Wohlergehen denken. – Leider ist aber das Wort „Heil“ immer noch historisch belastet, insofern es an den Gruß „Heil Hitler!“ aus unserer jüngeren Geschichte erinnert. Es ist anzunehmen, dass die meisten Leute im sog. Dritten Reich nicht etwa gezwungen, sondern freiwillig mit diesem Gruß gegrüßt und dementsprechend viele ihr Heil tatsächlich in Hitler gesehen haben.

Von da her müssen wir einen Schritt zurück und auf das Wort "der Herr" kommen, in dem der Psalmist das Heil sieht: Im Hebräischen ist es bereits eine Übersetzung von "Jahwe". Den Namen Jahwe hat die griechische Übersetzung der Psalmen mit Kyrios, die lateinische mit Dominus und Luther mit Herr wiedergegeben. Anstatt dessen können wir mit ebensoviel Recht Gott, der Allmächtige, Jesus, der heilige Geist, die Dreifaltigkeit, Allah, das Absolute, der Absolute einsetzen. Ich denke, die Psalmen sind stets auch ein Anlass, nach dem Wer und Was Gottes zu fragen und darüber zu meditieren, ohne dass wir eine Antwort finden müssen.

In welchen anderen Personen, politischen Strömungen, technischen Entwicklungen oder worin sonst sehen die Menschen heute ihr Heil? Offensichtlich in sehr vielen anderen als in Gott. Worin sehe ich mein Heil? In einer sicheren Zukunft? In einem guten Verdienst? In einer glücklichen Familie? Die Familie ist nicht immer "heil". Sehe ich mein Heil in einem schönen Urlaub, in schöner Freizeit? Worin sehe ich meine Heilung in Krankheit? Im Wirken der Ärzte? Und wenn die Medizin versagt? Ist es dann aus mit dem Heil? Auch darüber ist es wert zu meditieren!

Gehen wir nun daran, den Satz "Vor wem sollte ich mich fürchten" neu zu übersetzen: Etwa mit "vor welcher Sache?", "vor welcher Bedrohung?", "vor welcher Krankheit?", "vor dem Tode?". Dass Gott alle diese Furcht beseitigt, ist der Meditation wert, und wir sollten uns daraufhin öffnen, ohne einen "Glaubenszwang" an die Wirksamkeit Gottes in uns aufzubauen...

"Fürchten" ist bereits im zweiten Satz des Verses mit "grauen" übersetzt; auch erschrecken und entsetzen bedeuten Ähnliches. Weitere Übersetzungen: "Vor wem sollte ich mich bedroht fühlen?" "Vor wem sollte ich mich bedrohen lassen?" "Vor wem sollte ich Angst haben?"

Nun noch zur Wendung im 2. Satz: "Der Herr ist meines Lebens Kraft": Lebenskraft statt meines Lebens Kraft wäre fast dasselbe. Anders: "Der Herr ist die Grundlage meines Lebens", " Der Herr ist der stets gegenwärtige Ursprung meines Lebens".

Die mit "meines Lebens Kraft" übersetze hebräische Wortgruppe (maos chaijai) bedeutet aber vor allem "Festung, Burg, Bollwerk meines Lebens".17 Daher können wir auch interpretierend übersetzen: "Der Herr ist mein Schutz", "mein Schutzwall", "mein Schild" etc.

1.4. Psalm 27, 4

[17] M. Dahood übersetzt: "Yahweh is the stronghold of my life" (Mitchell Dahood (Psalms I [1965] Garden City, N Y, 1982, S. 165)

"Eines bitte ich vom HERRN, das hätte ich gerne: dass ich im Hause des HERRN bleiben könne mein Leben lang."

Hier haben wir ein Gebet vor uns, das von der bereits empfundenen Nähe Gottes ausgeht; diese möchte der Psalmist bejahen und noch vertiefen oder verlängern. Das Bitten können wir uns dabei mehrfach mit anderen Worten übersetzen, etwa durch *erbitten* und *ersuchen*, was beide Male dasselbe hieße, oder durch *fordern*, ein Fordern, das wir uns allerdings Gott gegenüber wohl nicht herausnehmen wollten, *verlangen* ebensowenig – wobei jedoch "ich habe das Verlangen" ein heftiges Wünschen ausdrückt, das auch Gott gegenüber ganz verständlich ist. Ebenso ist *wünschen* ein Ersatz-Verb für bitten... Weiters: "Eines erwarte ich" im Sinne von "eines hoffe (oder erhoffe) ich" wäre durchaus im Sinn des Psalmverses, ebenso: "eines möchte ich erreichen", sodann: "nach einem strebe ich", "auf eines will ich hinaus" oder "zu Folgendem will ich den HERRN durch Bitten bewegen". Ich denke nicht, dass wir damit schon alle Übersetzungsmöglichkeiten ausgeschöpft haben...

Jetzt zu: "das hätte ich gerne". Eine Auffälligkeit bei diesen Worten ist, dass sie das hebräische Verbum *pqsch* übersetzen, das im Sinne des parallelismus membrorum dasselbe heißt wie "bitten". Das *Gernehaben* der Lutherbibel[18] geht also mit dem *Bitten, Erbitten, Ersuchen, Wünschen, Hoffen* etc. konform.

Nehmen wir aber die deutsche Wendung "das hätte ich gerne", so könnten wir dies "übersetzen" mit: "das wünsche ich mir", "das wäre mir recht", "das wäre mir eine Freude", "das wäre mir lieb", "das strebe ich an". – Ich versuche nicht, alle Variationen einer solchen Übersetzung zu erschöpfen.

Interessant ist nun freilich, was die Worte bedeuten könnten "dass ich im Hause des HERRN bleiben könne mein Leben lang", und wie wir sie uns übersetzend aneignen sollen.

Die Übersetzung aus dem Hebräischen ist zwar nicht problematisch; aber es ist zuerst einmal die Frage, was "das Haus Jahwes, des HERRN," bedeutet. Artur Weiser geht von einer "kultischen Situation"[19] aus. Meint er damit den Tempel? Nach Weiser: Ja; aber wie kann es geschehen, dass der Psalmist "im Hause des HERRN bleiben könne <sein> Leben lang"? Will er Priester werden? Nach Weiser: Nein: "Der Sänger wünscht 'sein Leben lang im Hause des Herrn zu weilen', Hausgenosse Gottes zu sein, nicht weil er etwa als Priester dauernd im Tempel wohnt, sondern weil ihm die im Heiligtum immer wieder neu zum Bewußtsein gebrachte Gottesnähe der geistige Inhalt seines Lebens auch außerhalb der Tempelmauern geworden ist."[20]

Ganz anders versteht dagegen Mitchell Dahood diesen Vers, nämlich als Bitte um ein Sein im Jenseits: "This verse is a prayer for eternal bliss with Yahweh in

---

[18] Luther übersetzt schon 1545 "das hette ich gerne" (Biblia. Das ist: Die gantze Heilige Schrifft, Wittenberg 1545, Nachdruck, Stuttgart 1983, S. CCXCV (Rückseite); Dahood übersetzt mit "this...do I seek" (Mitchell Dahood (Psalms I [1965] Garden City, N Y, 1982, S. 165)

[19] Artur Weiser: Die Psalmen, 1. Teil, 6. Aufl., Göttingen 1963, S. 165 u. 167

[20] A.a.O., S. 167

heaven."[21] Ebenso versteht er "das Haus Jahwes, des HERRN": "The heavenly habitation of Yahweh is meant here."[22]

Ich denke jetzt freilich, dass die Meditation und insbesondere eine Übersetzung innerhalb unserer Muttersprache (bzw. Übersetzungsversuche – aber jede Meditation besteht in tastenden Versuchen) folgendermaßen den Zwiespalt: kultische Situation – Situation im Himmel überwinden könnte:

Artur Weiser hat uns schon eine Hilfestellung in diese Richtung gegeben, indem er, wie eben zitiert, das Warum der Bitte des Psalmdichters/-Sängers so beschrieb: "weil ihm die im Heiligtum immer wieder neu zum Bewußtsein gebrachte Gottesnähe der geistige Inhalt seines Lebens auch außerhalb der Tempelmauern geworden ist." Und so können wir meditativ übersetzen: "Ich will mein Leben lang und überhaupt immer in der Nähe Gottes bleiben", oder: "Gott möge mein Leben und mein gesamtes Sein hindurch bei mir bleiben", oder: "Möge ich mir mein Leben lang der stetigen schützenden Gegenwart Gottes bewusst bleiben", oder: "Möge ich ein solches Haus oder Land finden, in dem die zeitliche und ewige Gegenwart Gottes nicht verleugnet wird". Oder aber auch: "Möge ich mich vor dem Tod nicht fürchten und sogar im Tode und darnach das überzeitliche Bei-mir-Sein Gottes erwarten."

1.5. Psalm 27, 10

"Denn mein Vater und meine Mutter verlassen mich, aber der HERR nimmt mich auf."

Anhand dieses Verses können wir 1. darüber meditieren, wie der Abschied von der Ursprungsfamilie vor sich geht. Vielleicht hat der Psalm ein Kind im Blick, dass durch die Willkür der Eltern oder durch deren Tod Waise wird. 2. Wie wird es sich nun allein in der Welt zurecht finden, wie neue Freunde finden, eine Partnerschaft eingehen, eine Familie gründen, eine Wohnung ergattern und einrichten? – Diese Ablösung von der Ursprungsfamilie passiert nahezu allen von uns.

Hier bietet der Psalm nun eine Hilfestellung: "Der HERR (Jahwe) nimmt mich auf." Was kann das heißen? Anstelle von Vater und Mutter? Als göttlicher Vater (wie Jesus ihn erfahren hat)? Als Übervater und/oder Übermutter? Als Über-Ich (so Freud)? Als der einzige Gott? Als Geist oder das Absolute, als die alles bestimmende Wirklichkeit (philosophische Begriffe)? Wir können einen nach dem anderen dieser Begriffe auf das Ersetzen der Eltern anwenden und durchgehen.

Und was heißt: "Er nimmt mich auf"? Dies ist mehrdeutig. Aufnehmen kann eine Annahme, Beherbergung und Führung im Leben bedeuten, aber auch den Abschluss eines Lebens und das Aufnehmen in ein Leben bei Gott. Der hebräische Begriff für aufnehmen (*asaf*) bedeutet nämlich der Reihe nach: sammeln, einbringen,

---

[21] Mitchell Dahood (Psalms I [1965] Garden City, N Y, 1982, S. [1970] Garden City, N Y, 1981, S. 167

[22] Ebd.

aufnehmen, einziehen, zurückziehen; im Passiv: versammelt werden, sich versammeln, weggenommen werden.[23] Das Wort hat also u. a. eine negative Bedeutung, aber die positive überwiegt. Die negative kann damit auch Positives in dem Sinne bedeuten, dass sie das Aufgenommen- und Weggenommenwerden als Leben bei Gott nach dem Tode ausdrückt. Gott nimmt mich auf, Gott nimmt mich an, Gott nimmt mich zu sich.

Ähnliches drückt der 23. Psalm, Vers 4, aus mit den Worten: "Und ob ich schon wanderte im finstern Tal, fürchte ich kein Unglück, denn du bist bei mir..." Das "finstere Tal" (ge zalmawet) kann man nämlich auch als "Tal des Schatten des Todes" übersetzen.[24] Selbst in diesem Tal ist Gott bei mir!

Zu Meditationen über den Tod anzuregen, ist heutzutage wahrscheinlich wichtiger als früher, weil wir gegenwärtig besonders auf das Leben, seine Freuden und seinen Genuss fixiert sind. Freilich, von Gott liest man nirgends in den Psalmen, dass er uns die Freuden des Lebens verleiden wolle. Aber was ist am Ende des Lebens? Nichts? Was ist dieses Ende? Nichts? – Das sagt doch etwas wenig! Sind wir auf unser Ende vorbereitet? Die Psalmen könn dabei einiges helfen, z. B. durch die Meditation darüber, dass Gott sogar im finstern Tal, das zum Tode führt, bei mir ist, und dass er mich am Ende schließlich aufnimmt.

1.6. Psalm 34, 8

"Der Engel des HERRN lagert sich um die her, die ihn fürchten, und hilft ihnen heraus."

In diesen Worten liegt eine große Verheißung und Erwartung: Ob es sich nun um eine Gruppe, gar eine militärische Einheit oder eine Einzelperson handeln sollte: Ihnen wird in einer Gefahrensituation Hilfe angekündigt. Können sie sich nun ausruhen, ohne Angst die Angriffe der Feinde erwarten oder auf das Heraushelfen warten?

Aber wie soll das gehen? Wenn sich der "Engel des HERRN" um eine Gruppe von Menschen lagert, muss es sich eigentlich um mehrere Engel handeln. Wenn sich der "Engel des HERRN" um eine Person "lagert", wie soll man sich das wieder vorstellen?

Und wer ist der Engel des HERRN? Im Alten Testament ist er sehr oft Metapher, Verschleierung oder Maske Gottes, des HERRN, selber. Da das den Alten Israeliten bewusst ist, sind sie umso sicherer...

Gleichwohl sollte sich niemand endgültig sicher sein und deshalb nicht darauf verzichten, selber einen Ausweg oder eine Verteidigung zu suchen, denn schon der Angriffe auf das Alte und das Neue Israel sind ohne Zahl. Sicherlich darum spricht

---

[23] Köhler, Ludwig/ Baumgartner, Walter u. a.: Hebräisches und aramäisches Lexikon zum Alten Testament, Lieferung IV, Leiden/ New York/ Köln, 1967, S. 71 ff. – Das davon herkommende Wort *osef* bedeutet "Einsammeln" (a.a.O., S. 72 f.).

[24] So auch die Nova Vulgata: "val umbrae mortis" (Tal des Schattens des Todes)

der Psalmvers von denen, die ihn (den HERRN) *fürchten*. Gott kann man nie berechnen oder "in die Tasche stecken" (Luther).

Und so dürfen auch wir über den Schutz Gottes rund um uns her meditieren, ohne dabei ins Schnarchen zu verfallen.

1.7. Psalm 103, 11

"Denn so hoch der Himmel über der Erde ist, lässt er <Gott, der HERR> seine Gnade walten über denen, die ihn fürchten."

Mit "so hoch der Himmel über der Erde ist" haben wir aus astronomischen Gründen Schwierigkeiten und müssen diese Wortgruppe schon allein deshalb anders übersetzen. Die Antike verstand unter "Himmel" nämlich ein Gewölbe über der Erde; dieses Verständnis haben wir heute ad acta gelegt. Der "Himmel" ist nach gegenwärtigem Wissensstand ein unfassbar großer Raum oder eine unbegrenzbare Raum-Zeit mit unzählbaren Galaxien und Sternen darin. Vor diesem Hintergrund können wir schon einmal über das Verhältnis Gottes zur Erde und zu uns Menschen und über Gottes unendliche Überlegenheit über uns zu meditieren beginnen. Vielleicht ist sie so groß, dass wir sie gar nicht zu beschreiben vermögen. Wir werden dieses Verhältnis also am besten ähnlich benennen wie in diesem Psalm und etwa übersetzen: "So unfassbar das Weltall ist, so unfassbar ist auch, dass Gott sich um uns kümmert."

Um uns? – Um verschiedene Menschen anscheinend in verschiedener Weise! Seine Gnade lässt er nach diesem Vers – anscheinend in erster Linie – walten über denen, die ihn *fürchten*. Hierbei sind zweifellos die Gottesfürchtigen gemeint, die Frommen. Nur die? Was ist mit den Unfrommen, den Ungläubigen, den Sündern? Straft Gott sie, wie es ja an so manchen Stellen in der Hebräischen Bibel und auch in den Psalmen heißt?

In unserem Psalm hat es aber gerade einen Vers vorher geheißen: "Er handelt nicht mit uns nach unsern Sünden und vergilt uns nicht nach unsrer Missetat." – "Mit uns"? Welche sind die "Wir"? Alle? – Der Psalm geht ziemlich sicher vom Volk der Israeliten aus, aber er lässt sich auf das Menschsein insgesamt beziehen. (Das kann man aus Vers 15 herauslesen, wo es auf jeden Menschen bezogen heißt: "Ein Mensch ist in seinem Leben wie Gras...") So könnten wir übersetzen: "Er lässt seine Gnade walten über uns allen", oder: "Er begnadigt und begnadet uns alle", oder: "Er wendet sich uns allen zu, sogar jenen, die sich von ihm abgewandt haben".

Der Psalm handelt (singt) also vom verzeihenden Gott. Aber warum waltet dann gleichwohl seine Gnade "über denen, die ihn fürchten"? – Dem Psalmisten ist an der Ernsthaftigkeit der Gott-Mensch- und Mensch-Gott-Beziehung gelegen, und die bei uns anzutreffende und verharmlosende Redeweise vom "*liiieben*" Gott wäre ihm ein Gräuel gewesen. Gott ist für ihn durch sein Walten in der Natur und in der Geschichte *unheimlich,* d. h. dass wir Menschen ihn nicht vereinnahmen, ein*heim*sen oder in die Tasche stecken sollen und können. Der Psalmist – oder wir anstatt des Psalmisten – sollen so denken: Im selben Augenblick, wenn Gott seine

Gnade "walten lässt" über uns, beginnen wir ihn – vielleicht zu scheuen, nicht sogleich zu *fürchten* – aber ihn zu "ehrfürchten".

Alles das sind – nicht genau an den Worten, sondern an der Sache hängende – Übersetzungen des Waltens der Gnade Gottes über uns.

2. Abwandlungen des Zeitworts durch Vorsilben

Wir können auch meditieren, indem wir das in einem Psalmvers vorkommende Zeitwort durch Vorsilben abwandeln. Das sind etwa (in alphabetischer, aber unvollständiger Aufzählung): ab-, an-, auf-, aus-, be-, durch-, ent-, er-, ge-, her-, hin-, mit-, nach-, über-, um-, unter-, ver-, weg-, wider-, wieder-, vor-, zer-, zu-.
Manche Zeitwörter ergeben abwechselnd mit mehreren dieser Vorsilben einen neuen Sinn, z. B. gehen: abgehen, angehen, aufgehen... untergehen, vergehen etc. etc., während andere keine solche Verbindung vertragen, z. B. rühmen: es wäre unsinnig von „abrühmen, anrühmen etc.“ zu sprechen, gerade noch „berühmen“ ist mit seinem Partizip „berühmt“ geläufig...

2.1. Psalm 23, 4

„Und ob ich schon wanderte im finstern Tal, fürchte ich kein Unglück;
Denn du <Gott> bist bei mir, dein Stecken und Stab leiten[25] mich.“

"Wandern" kann mit so manchen Vorsilben gebraucht werden. Nicht mit allen können wir etwas anfangen: bewandern – hauptsächlich, wenn jemand eine Sache kennt, also in ihr bewandert ist, erwandern, abwandern, einwandern, auswandern, durchwandern, umwandern, zuwandern, unterwandern, mitwandern, wegwandern, hin- und herwandern... Hiervon verstärken abwandern, auswandern, wegwandern das Gefühl der Bedrohung im "finstern Tal", in dem der Psalmdichter freiwillig gar nicht wandern will. Wandern bedeutet aber auch jene Aktivität, die aus Bedrohungen herausführt.[26]
Zu "fürchten" fällt mir nur die Abwandlung befürchten ein. Sie bedeutet aber dasselbe wie "fürchten"...
Vor "leiten" können verschiedene Vorwörter gestellt werden, die den Sinn entweder erhellen oder verdunkeln. Ableiten ist in unserem Psalmvers entweder Unsinn oder der Gegensinn des Gemeinten. Wasser kann man ableiten, aber Menschen kaum. Anleiten erhellt oder verdeutlicht den Sinn. Einleiten lässt entweder wieder an Wasser denken oder an die Einleitung zu einem bestimmten Wissen oder zu einer neuen Erkenntnis. Ausleiten lässt etwas erahnen – was nur? Aber das ist die Aufgabe einer Meditation, unter Abwandlung der Zeitwörter, dem Grundwort ungewöhnliche Seiten abzugewinnen! Wegleiten würde von der Aussage des Psalms wegführen. Bei hinleiten müsste man fragen: Wohin? Herleiten

---

[25] Hier übersetze ich die hebräischen Konsonanten *jnchmnj* ausnahmsweise, M. Dahood folgend, mit "lead me" ("leiten mich") anstatt wie in der Lutherbibel mit "trösten mich" (Mitchell Dahood: Psalms I [1965] Garden City, N Y, 1982, S. 145 u. 147). – Abgesehen von Dahoods philologischen Argumenten passt es in einen Psalm, der von Gott als einem guten Hirten spricht, besser, dass der Stecken (und Stab) des Hirten *leiten* anstatt zu trösten.

[26] So schreibt Weiser: "Die Hoffnung, aus der Erfahrung gewachsen, ist um so fester, als der Dichter sich auch der Trübsal rühmen kann. Der Weg durch manches finstere Tal ist ihm keineswegs erspart geblieben." (Weiser, Artur: Die Psalmen I, 6. Aufl., Göttingen 1963, S. 154)

verleitet uns zu weiteren Fragen: Woher hat mich Gott geleitet? Bin ich vorher wirr umhergelaufen? Nun zur Abwandlung des Grundwortes leiten in verleiten. Während verleiten zumeist negativ verstanden wird, müsste die Wendung „...verleitet uns zu weiteren Fragen", wie gerade geschrieben, nicht nur negativ gesehen werden. Ähnlich wie ver- hat die Vorsilbe zer- sehr oft die Wirkung, das Grundwort ins Gegenteil zu verkehren, aber zerleiten ist schlicht ein Unwort! Ebenowenig gibt es entleiten. Durchleiten, umleiten, zuleiten können einen Psalm über den guten Hirten, Gott, kaum erhellen, wohl aber die Verbindung ge- und leiten, also geleiten! Genau das ist es, wovon der Psalm dichtet, dass mich, dich, uns, euch Gott geleitet, auch und sogar im „finstern Tal"!

2.2. Psalm 27, 2

„Wenn die Übeltäter an mich wollen, um mich zu verschlingen,
meine Widersacher und Feinde, sollen sie selber straucheln und fallen."

Das Wort „Übeltäter" können wir für diese Meditation zerlegen in Übles und tun. Als Abwandlung zu tun fällt uns wahrscheinlich sofort antun ein. Dass uns jemand etwas antut, davor fürchten wir uns, und wer uns etwas antut, ist ein Übeltäter. Auch abtun ist eine Abwandlung von tun. Die Übeltäter wollen uns vielleicht abtun, gering schätzen, uns beiseite tun oder unsere Meinungen als Unsinn abtun. Wegtun bedeutet etwas Ähnliches wie abtun und wäre ebenfalls etwas Übles. Weggetan werden will niemand. Man kann nicht wissen, was passiert, wenn jemand weggetan wird. Wird er/sie dann ausgeschlossen, eingesperrt, gar getötet? Dann vertun: Man kann Vermögen oder Geld vertun – aber kann man Menschen vertun? Man kann ihnen vielleicht eine Gelegenheit vertun, vermasseln. – Zutun? Ich kann denken: Durch das Zutun der Übeltäter geht es mir schlecht; ohne ihr Zutun ginge es mir gut. Oder: Haben diese Übeltäter nichts Besseres zu tun, als mir zu schaden?

Dann das Zeitwort verschlingen: Es lässt daran denken, dass Übeltäter Tiere oder Menschenfresser sind, die mich hinunterschlingen wollen. Wenn wir die ursprüngliche Übersetzung Luthers meditieren – sie lautet statt „mich zu verschlingen" „mein Fleisch zu fressen"27 (die genau am hebräischen Text bleibt) – erschrecken wir und denken eben an Tiere und Menschenfresser, die mich hinunterschlingen wollen. Zugleich sind auffressen und zerfressen Wörter, die nicht das Bild menschlicher Feinde, sondern von Tieren oder Krankheitskeimen hervorrufen. Und die sind gegebenenfalls sehr gefährliche Feinde! Krankheitskeime, Bakterien fallen tatsächlich unser Fleisch an. Gefährliche Tiere, die uns fressen wollen, sind dagegen in zivilisierten Ländern selten... Kommen wir auf das Wort verfressen, dann lässt sich das als Partizip oder Eigenschaftswort von Tieren verstehen, die nicht genug kriegen können (und sich dabei eventuell überfressen), aber auch von Menschen, die deshalb zwar nicht Übeltäter und unsere Feinde sein mögen, sich durch Verfressenheit aber selber Übles antun...

---

[27] Biblia. Das ist: Die gantze Heilige Schrifft (Luthers Bibelübersetzung), Wittenberg 1545, Nachdruck, Stuttgart 1983, S. CCXCVI, Rückseite

Bei anfressen hingegen entsteht die Assoziation, dass eine Pflanze von einem Schädling ruiniert wird.

Das Grundwort schlingen gibt weiters Anlass, an Schlangen zu denken. Dass sie uns im feindlichen Sinn umschlingen, sind Aspekte des Übeltuns, ebenso ein Zuschlingen, wobei wir an das Abschnüren der Luftröhre denken mögen; auch als solche könnten wir uns die Übeltäter vorstellen, oder dass sie uns Schlingen legen...

Nun zu den Abwandlungen von fallen. Der Psalm spricht von etwas Negativem für die Übeltäter und von Positivem für die Betenden, und der Psalmist hofft auf eine positive Wendung seines bedrohten Lebens durch das Fallen der Übeltäter. Dies wird am ehesten mit dem Wort fallen selber oder etwa mit wegfallen, hinfallen oder zerfallen beschrieben. Mit ausfallen könnten wir das Aufhören einer Funktion in unserem Organismus bezeichnen. Dagegen gilt: Wenn Übeltäter oder üble Krankheiten entfallen oder verfallen, geht es uns gut.

Befallen ist aus der Sicht der Betroffenen negativ und schließt an das vorhin Gesagte über den Bereich von Pflanzen an. Anfallen ist wieder negativ für die Betenden und lässt an Tiere denken, die sie bedrohen (aber es gibt auch den Krankheits-Anfall), einfallen an militärische Feinde (während es daneben den positiven Charakter eines gedanklichen Einfalls und des Einfallens zu würdigen gilt). Überfallen wiederum wäre die Aktion von Räubern.

Auffallen ist nicht leicht mit Übeltätern zu assoziieren, ebensowenig das Verb zufallen... Ja der Zufall! Vieles, was geschieht, auch, was die Psalmdichter als Eingriffe Gottes betrachtet haben, schreiben wir heute eher dem Zufall zu. Niemand kann uns daran hindern. Aber was ist der Zufall? Die meisten Leute wollen sich vor weiterem Nachdenken drücken, indem sie etwas als „zufällig“ benennen, damit aber nichts meinen.

Der Zufall ist aber nicht nichts. Wenn etwas von irgendwo her auf uns zufällt, dann ist wohl das Irgendwo unbestimmt, aber der Zufall ist wirklich, sonst wäre das auf uns Zufallende nicht geschehen; es ist auch möglich gewesen, sonst wäre es ebenfalls nicht geschehen. War es notwendig? Das kann man wieder nicht so ohne weiteres behaupten, sondern muss dem Zufall, der aber möglich war und wirklich ist, auf den Grund gehen.

Zerfallen kommt der Bedeutung von fallen in unserem Psalmvers nahe: Die Übeltäter mögen verschwinden, sich auflösen! Wie ist nicht gesagt. Es könnte aus Zufall sein oder, wie der Psalmdichter sicherlich denkt, durch einen Eingriff Gottes. Dass eine geplante Übeltat nicht gelingt, kommt, Gott sei Dank, des Öfteren vor!

2.3. Psalm 27, 8

„Mein Herz hält dir vor dein Wort: 'Ihr sollt mein Antlitz suchen.' Darum suche ich auch, HERR, dein Antlitz."

Der erste Satz dieses Psalmverses ist im Hebräischen unklar,[28] deshalb bedenke ich in meinen Meditationsanregungen im Folgenden nur den zweiten Satz, aber der ist anregend genug! Wie kann jemand das Antlitz Gottes, Jahwes (des HERRN), suchen, da Gott doch unsichtbar ist? Im Tempel zu Jerusalem gab es keine Gottesstatue, und das Machen von Götterbildern – auch dasjenige Jahwes – war in der israelitischen Religion verboten (siehe das zweite Gebot des Dekalogs: 2. Mose/ Exodus 20, 4, parallel 5. Mose/ Deuteronomium 5, 8).

Es ist also mit "Antlitz" etwas Anderes gemeint als das Gesicht einer Gottesstatue. Was aber? Darüber sollten wir meditieren. Bedeutet das Suchen, auf etwas, auf jemanden warten, der aus der Unsichtbarkeit auftauchen wird?

Dass Gott, obzwar unsichtbar, sich den Israeliten nicht völlig entzog, erfuhren die Propheten durch das Wort Gottes, also durch Eingebungen – Anweisungen, Gesetzen, Warnungen, Drohungen, Verheißungen –, die sie sodann an ihre Zuhörer oder an das ganze Volk weitergaben. Aber Eingebungen kann man nicht suchen. Eventuell deren schriftliche Aufzeichnung. Freilich, dass das Lesen der Prophetenschriften mit "Suchen des Antlitzes des HERRN" gemeint sei, ist unwahrscheinlich. Hauptsächlich ersetzte der Name Gottes, Jahwe, der später von Adonai = Herr verdrängt wurde, bei den Israeliten ein Kultbild von Gott. An seine Stelle traten später allein der "Name" (*schem*), andere seltene Gottesbezeichnungen, hauptsächlich aber die Wörter für Gott: El und Elohim.

Sucht der Psalmdichter also diese Namen anstatt des Antlitzes Gottes? Wäre das der Fall, hätte er es sagen können... Es sagt aber "Antlitz" bzw. "Angesicht" genau in der Weise, wie man sich bei Menschen auf deren Angesicht bezieht.

Ohne dass ich jetzt wieder auf die Diskurse von Atheismus und Agnostizismus zu sprechen komme, wie ich es im Rahmen dieser Anleitung zum Meditieren öfters tue, scheint es mir hilfreich, den Satz "Ich suche, HERR, dein Antlitz" und dabei vor allem das Wort "suchen" in seinen verschiedenen Abwandlungen zu meditieren, um zu ergründen, was der Psalmdichter meint:

*Er*suchen führt darauf, dass jemand einen Wunsch, eine Bitte äussert, deren Erfüllung er erwartet. Ein *Er*suchen ist soviel wie ein *An*suchen, das zwar ähnlich einem Anliegen, einer Bitte oder einem Gebet ist, aber nicht in so dringender Form. Andererseits: Beim Ersuchen und Ansuchen kann man sich gut vorstellen, dass der Ersuchende bei demjenigen vorspricht, dem er sein Ansuchen vorbringen will, und an dessen Aufenthaltsort geht. Das *Suchen* des Antlitzes Gottes ist also das Suchen der *Gegenwart* Gottes.

Was bedeutet das? Die Gegenwart Gottes muss sich der Psalmdichter *wirklich*, aber deswegen nicht materiell vorgestellt haben. Sein Suchen kann daher eventuell auch ein *Be*suchen sein, vielleicht ein Besuchen Gottes im Tempel. Hierzu muss man wissen, dass es zeitweise neben dem Heiligtum in Jerusalem andere Heiligtümer gab, z. B. Bethel und Schilo sowie auch kleinere Kultstätten; und wer

---

[28] Dahood übersetzt: "Come, said my heart, seek his face." (Mitchell Dahood: Psalms I [1965] Garden City, N Y, 1982, S. 166) Die Version der Lutherbibel wird allerdings durch die Nova Vulgata unterstützt: "De te dixit cor meum: <Exquirite faciem meam!>" ("Von dir sagte mein Herz: <Suchet mein Angesicht!>")

Psalmen betet, muss das nicht unbedingt im Tempel tun. Das kultische Besuchen Gottes im Tempel wiederum könnte gut mit *Auf*suchen beschrieben werden. Der Psalmdichter sucht Gott und seine Gegenwart *auf*.

Nun zu einer weiteren möglichen Abwandlung von suchen: *aussuchen*. Meditieren wir über das *Aus*suchen des Antlitzes Gottes, dann wird damit das Verhältnis Gottes zum Volk Israel umgekehrt, das ja gerade im Aussuchen (Erwählen) des Volkes durch Gott bestand. Unter den Bedingungen der späten Neuzeit, der Globalisierung und der Religionsfreiheit qua Menschenrecht ist es hingegen denkbar, vom Suchen des Antlitzes Gottes als Aussuchen der biblischen Religion zu sprechen. Zu diesem Aussuchen gehört der Hintergrund des *Durch*suchens und *Ab*suchens von religiösen Konzepten und Religionen, den so manche Menschen als ihre persönliche religiöse Suche verstehen. Wenn sie sich sehr bemühen, geraten sie dabei wahrscheinlich in *Unter*suchungen der einen oder anderen Religion hinein. Kenntnisse über Religionen – besonders über die Weltreligionen – sind nur sporadisch verbreitet. Es genügt heutzutage aber immer weniger, sich mit jenen Informationen zu bescheiden, die man aus dem Katechismus der eigenen Religion bezieht. Umso mehr müssen sich Atheisten und Agnostiker darüber informieren, was sie ablehnen. Wer will behaupten, dass Informationen unnütz wären? Aus Sicht des Psalmisten sind die Sucher dabei auf der Suche nach Gottes Antlitz. Die Atheisten und Agnostiker sind ebenfalls auf einer Suche, deren Ziel sie aber nicht bestimmen können. Da Gott jedoch unsichtbar ist, muss die Suche seines Antlitzes sowohl für Gläubige als auch für Atheisten und Agnostiker in die gleichen Schwierigkeiten führen.

Zum Schluss der Abwandlungen von "suchen" komme ich noch auf das Verb *ver*suchen. Kann das Ab- und Durchsuchen von Religionen und religiösen Konzepten zur *Versuchung* Gottes geraten, in der man Gott zum Spielball seiner religiösen Ambitionen macht nach dem Motto "Welcher Gott bietet mehr zu meiner religiösen Selbstverwirklichung"?

In diesem Falle sollte der Gott-Versuchende schleunigst sein Versuchen in ein *Ge*such umwandeln, das ohne weiteres als Gebet ausfallen kann. Wir befinden uns ja in einer Bewegung vom Beten zum Meditieren. Wieso nicht bisweilen auch zurück?

2.4. Psalm 27, 10

"Denn mein Vater und meine Mutter verlassen mich, aber der HERR nimmt mich auf."

Bei *ver*lassen denken wir daran, dass Vater und Mutter zumeist früher sterben als ihre Kinder, daher könnte auch das Verb *zurück*lassen dasselbe ausdrücken, eventuell auch *allein*lassen oder bloß *lassen*. *Be*lassen würde uns meditativ nicht viel sagen, *aus*lassen könnte unsere Freigabe oder Freilassung ins selbständige Leben ausdrücken. Bei *über*lassen könnte man ebenfalls an die *Frei*lassung ins selbständige Leben denken oder aber an die Übergabe an einen anderen Erzieher als die Eltern. *Weg*lassen scheint dem *Ver*lassen ähnlich zu sein, lässt aber an einen brutalen Akt denken, wenn z. B. gemeint wäre, dass die Eltern ihre Kinder gleichsam übergehen. *Weg*lassen könnte aber auch heißen, "den eigenen Weg gehen lassen". Genau das könnte mit *ent*lassen ausgedrückt werden, wobei die positive Seite des Entlassens in der Freigabe, die negative im Mangel an Obsorge bestünde. Genau an diesen Mangel würden wir auch bei *unter*lassen denken.

Die Abwandlungen des Verbs: *durch*lassen, *ab*lassen, *zer*lassen, *zu*lassen etc. brächten unsere Meditation nicht viel weiter...

Nun zum zweiten Teil des Verses: "Der Herr nimmt mich auf". – Der Psalmist betet und denkt in einer Situation, in der ihm der Schutz, die Heimat, die Sorge, die Beratung durch Vater und Mutter fehlen. Hier ist ihm nun Gott ein Ersatz, ja – so dürfen wir annehmen – mehr als ein Ersatz. Gerade habe ich bereits "annehmen", die Erweiterung von *nehmen* verwendet. Der Psalmist glaubt und weiß, dass er von Gott *auf*- und *an*genommen ist, dass ihm hinfort Gott Schutz, Heimat, Sorge und Beratung bedeuten werden.

Eventuell könnte er auch sagen (und singen) "Der Herr nimmt mich *zu* sich", wenn er an ein Leben mit oder unter Gott als seinem Herrn denkt. Er lebt dann in Gemeinschaft mit Gott in seinem Reich. Sodann könnte die Meditation auf folgende Abwandlungen von nehmen verfallen: "Der Herr *ver*nimmt mich" (wenn ich bete und ihn um Rat frage), oder aber "Der Herr nimmt mich *weg*", nimmt mich *hin* oder "Der Herr *ent*nimmt mich" (dem Leben) wenn ich mich im Tod Gott anvertraue. Dadurch entsteht ein ganz anderes Bild des Todes, als es manchmal gemalt wird: das Gerippe mit der Sense in der Hand (Sensen sind ohnehin kaum jemandem geläufig... Gibt es einen Tod mit dem Rasenmäher?) Aber ohne Scherz: Ist nicht der Tod jenes Ereignis, in dem Gott mich dem Leben *ent*- und *zu sich nimmt*?

Sich im Tod Gott anzuvertrauen, ist ein hohes Ziel aller Psalmbeter.

2.5. Psalm 51, 5

„Ich erkenne meine Missetat, und meine Sünde ist immer vor mir.“

Hier ist das Zeitwort *kennen* von vornherein durch die Silbe er- abgewandelt. Aber „kennen“ gibt selber Sinn, ja es drückt wohl den gemeinten Sinn schon vollständig aus. Ebenso ist es mit „Ich *aner*kenne meine Misstat“. Wiederum dasselbe wie erkennen würden wir mit „Ich *be*kenne meine Misstat“ ausdrücken, wobei aber *bekennen* ein Gegenüber erwarten lässt, *dem* ich bekenne. In diesem Psalm ist Gott als dieses Gegenüber gemeint, dem der Beter seine Missetat bekennt. Da er Gott um Gnade bittet, erhofft er sich Verzeihung.

In eine andere Richtung führt *aberkennen*. Eine Missetat wird niemand aberkennen, wohl aber z. B. eine Auszeichnung...

„Ich *ver*kenne meine Missetat“ würde wiederum den Satz „Ich erkenne meine Missetat" ins Gegenteil wenden: Was ich *verkenne*, steht zwar vor mir, hat aber eine andere Bedeutung als die *erkenne*. *Verkennen* heißt, dass ich eine bestimmte Tat falsch sehe oder verkehrt bewerte.

Auskennen heißt etwa so viel wie *erkennen*, wird aber nur rückbezüglich gebraucht: *Ich kenne mich aus*. Kenne ich mich bei meiner Missetat aus? Weiß ich vor mir selber und vor Gott, worin ich gefehlt habe, auch wenn ich das vor Mitmenschen nicht bekennen will?

2.6. Psalm 53, 2

„Die Toren sprechen in ihrem Herzen: ‚Es ist kein Gott'."

Hier geht es wohl um die Gedanken (der Toren) im Stillen, aber meditiernd könnte man auf das Zeitwort *nachsprechen* kommen. Das hieße: Die Toren sprechen gedankenlos etwas *Vorgesprochenes* nach, ohne es zu vertreten. Das führt uns meditativ auf das häufig zu beobachtende Phänomen, dass wir Menschen nämlich Wörter, Phrasen, Ansichten, ja ganze Ideologien häufig gedankenlos übernehmen und nachsprechen. In gewisser Weise ist das gar nicht anders möglich, da wir die Wörter, Phrasen, Ansichten und Ideologien unserer Sprache, Umgebung und unseres Zeitalters übernehmen müssen, weil sonst gar keine Verständigung mit unseren Mitmenschen möglich wäre. Gefährlich wird es freilich, wenn wir aus unserer "Blase" nicht mehr herauskommen, wie es treffend seit einiger Zeit gesagt wird, oder nicht über unseren "Tellerand" schauen. Das läuft auf die Anweisung hinaus, *Vorgesprochenes* nicht ungeprüft *nachzusprechen*. Ein nicht immer leichtes Vorhaben! – In unserem Fall kann sich dieses Vorhaben sowohl für als auch gegen den Satz der Toren "Es ist kein Gott" wenden als auch für oder gegen den Satz " Es ist *ein* Gott"! – Meditation zeigt sich damit, kein harmloses Geschäft zu sein!

Während wir im Westen zwar kaum mehr selbstverständlich die Religion unserer Altvordern übernehmen, sondern ihr kritisch gegenüberstehen, ist das Neue an unserer Gegenwart, dass wir uns nach und nach mit allen Weltreligionen auseinandersetzen müssen, die nicht immer dieselben Angriffspunkte bilden wie die Religion der Altvordern...

*Aus*sprechen ergäbe keinen Sinn, denn in dem Psalmvers geht es ja gerade um ein inneres „Sprechen", d. h. Denken, *be*sprechen eventuell schon, im übertragenen Sinne nämlich, denn jemand, der reflektiert, bespricht sich mit sich.

*Ver*sprechen anstelle von *sprechen* erhält eine Bedeutung für die Meditation, wenn jemand a) die Betonung seines Unglaubens und Atheismus' bekräftigen wollte, er also jemandem dieses seltsame "Verprechen" abgibt, "Es ist kein Gott" sei die Wahrheit; oder: b) wenn ein irrtümliches Sprechen gemeint ist, dass also jemand sich in seinem Sprechen geirrt habe, was man aber zumeist rückbezüglich verwendet, also: „Die Toren *ver*sprechen *sich* in ihrem Herzen...", nämlich: sie sprechen, was sie gar nicht meinen. c) *Ver*sprechen kann aber auch die Ankündigung von etwas bedeuten, in unserem Fall etwa: Es wird sich schon noch herausstellen, dass kein Gott ist.

*Wider*sprechen wird verwendet, wenn jemand seinen Widerstand gegen eine Meinung ausdrücken möchte. Die Toren möchten aber dem angeführten Satz gerade nicht widersprechen, sondern ihn behaupten.

Ansprechen wird vielfach gebraucht. In unserem Psalmvers würde es dazu verwendet werden, die Hauptaussage aufzugreifen und vielleicht in den Mittelpunkt zu stellen. – Mit *an*sprechen könnten wir aber auch auf das Hauptwort *Anspruch* anspielen und darunter denken, dass mit der Aussage " Es ist kein Gott" eine bedeutender *Anspruch* verbunden ist, nämlich der Anspruch eines atheistischen Wissens. Dies will der Psalmvers aber nicht gelten lassen, da er die so Sprechenden als Toren abqualifiziert!

Entsprechen ergäbe in unserem Vers wenig Sinn, höchstens wenn man das „in“ auslässt; dann *ent*spricht eben die Meinung der Toren dem, was sie im Innersten sind.

*Durch*sprechen bringt keinen neuen Sinn hervor, *zu*sprechen eventuell, wenn man die Bekanntgabe der Nichtexistenz Gottes als einen (möglicherweise) erleichternden *Zu*spruch auffasst, der die Angesprochenen ermutigt, ohne Gott durchs Leben zu gehen und ihnen für ein solches Leben Mut *zuspricht*.

Anschließend dazu passt sehr gut die Abwandlung einsprechen, und mehr noch das Hauptwort *Einspruch*, denn der Psalm will bestimmt nicht, dass der Torheit der Toren noch Mut zugesprochen werden möge, sondern erhebt dagegen Einspruch!

3. *Wechsel der Personen*

Alle Hauptwörter in einem Satz und alle persönlichen und besitzanzeigenden Fürwörter sind Personen zugeordnet. Dies kann ich in der Meditation abändern, damit einen neuen Sinn erreichen und den Satz eines Psalms aus anderer Perspektive ansehen. Mache ich z. B. aus einer Anrede an Gott mit *Du* („Herr, du bist unsere Zuflucht", Ps. 90, 1) ein Er (er ist unsere Zuflucht), lege ich eine gewisse Distanz zwischen dem Beter und Gott, was die Psalmen bekanntlich selber genügend oft tun. Statt „er" kann ich auch „sie" in der Einzahl verwenden, was die Bibel in gerechter Sprache", um dem Feminismus eine Chance zu geben, tut: Sie schreibt in der Übersetzung von Psalm 91, 2 anstatt von „... spricht zu dem HERRN" (Lutherbibel): „...spricht zur Ewigen."[29] Das hat eine gewisse Berechtigung, da Gott in der Bibel stets als Person, nicht aber ausschließlich als männliche Person vorkommt. Aber nicht nur aus Übersetzungsgründen, sondern in Meditationsabsicht bzw. mit der Absicht, eine neue Perspektive zu gewinnen, kann ich für die Anrede *du* an Gott nicht nur er, sie, es etc., also alle Personen einsetzen. Dann aber bringt ein Ich, Wir oder Ihr etc. an der Stelle eines Dus Gottes seltsame, vielleicht unbrauchbare oder zu verwerfende Gedanken hervor: Kann *ich* an der Stelle Gottes in einem Psalm gemeint sein? Solche Überlegungen kann man denken, aber auch gleich wieder zurücknehmen und verwerfen. Die Absicht der Psalmenmeditation ist es bestimmt nicht, Verwerfliches zu denken, sondern mit Worten und Gedanken zu experimentieren, sodass der ursprüngliche Text deutlicher wird.

3.1. Psalm 23, 1

„Der HERR ist mein Hirte."

In diesem Satz steht der HERR in der 3. Person. Dies kann ich ein ganz klein wenig verändern und verkürzend „Er ist mein Hirte" sagen, damit Gott meinen, aber auch eine andere 3. Person, etwa einen Freund. Dann würde ich aus dem religiösen Kontext der Psalmen aussteigen, aber nicht unbedingt aus einer Meditation. Formulierte ich „Der Kosmos ist mein Hirte" stiege ich wieder aus dem religiösen Kontext der Psalmen aus. Anstatt dessen kann ich aber auch die 2. Person setzen: „Du bist mein Hirte" und damit Gott angesprochen sein lassen, aber u. U. auch wieder einen Freund.

Auch der Wechsel zu „Ich bin mein Hirte; sie ist meine Hirtin; es ist mein Hirte; wir sind unsere Hirten; ihr seid unsere Hirten; sie sind unsere Hirten" ist möglich und kann zu allerlei (be-)denkbaren und/oder bedenklichen Ergebnissen führen. So wird die Formulierung „Ich bin mein Hirte" als selbstbewusster, eher aber als anmaßender Satz verstanden werden müssen, bei dem man sich einen Atheisten oder Agnostiker vorstellen mag. Der Atheist wird hierbei denken „Ich brauche Gott nicht", der Agnostiker „Wer weiß, ob es Gott gibt, der mich behütet?" Aber das

[29] Bibel in gerechter Sprache, 3. Aufl, Gütersloh 2007, zur Stelle (S. 1133)

muss nicht unbedingt der Fall sein: Ich kann mich als den Hirten meiner selbst vorstellen, der auf sich aufpasst, aber seinerseits doch auch wieder Gott als einem *Ober*-Hirten oder einer behütenden Instanz (Freud: dem „Über-Ich") unterstellt ist. Warum „unterstellt"? Kann nicht ein Ich als Hirte seiner selbst, vielleicht mit einem Wir als Hirten zusammen mit einer Gottheit (einer personalen oer überpersonalen Wirklichkeit) bestehen, die die Umstände durchschaut und Dinge vermag, die eben Menschen nicht durchschauen und vermögen?

3.2. Psalm 6, 2

„Ach Herr, strafe mich nicht in deinem Zorn und züchtige mich nicht in deinem Grimm!"

Manchmal geschieht uns Unvorhergesehenes und Ungutes, das eine Strafe Gottes sein könnte. Wir überlegen: Es könnte ja auch bloßer Zufall sein, der wie eine Strafe aussieht. Der Psalmist führt ein bedrückendes Geschehen auf Gott zurück. Wir können kritisch dazu stehen. Aber vielleicht stimmt es... Die Gottesbeweise sind bezweifelbar; aber gibt es Beweise für die Nichtexistenz Gottes? Nein. Gibt es Strafe Gottes? – Vielleicht habe ich kürzlich etwas falsch gemacht... Sollte ich vielleicht etwas wieder gutmachen? Ist es wirklich Zufall, dass es mir jetzt schlecht geht?

Der Vers kann sinnvoll von der 2. Person (du Jahwe, Herr) in andere Personen umgeformt werden, sogar in die 1. Person; denn ich kann mich im Selbstgespräch ermahnen, mich nicht selber zu bestrafen. Eine Ermahnung meiner selbst ist manchmal notwendig; aber wir gewinnen schwer Abstand von uns selber. Im Kontakt mit anderen können wir schwer auf unseren Vorteil verzichten oder von unserer Rechthaberei Abstand nehmen. Noch viel schwieriger ist es, zu sich selber überhaupt eine Distanz zu gewinnen. Beim Sich-selbst-schaden und der Selbstbestrafung bemerkt man leicht, dass sich jemand selbst *schadet*, vielleicht auch, dass er/ sie sich selbst straft, aber ich? Ich mache doch alles richtig. Oder?

3.3. Psalm 6, 8

„Weichet von mir, alle Übeltäter, denn der HERR hört mein Weinen."

Anders als bei Psalm 6, 2 ist hier von Gott nicht in der zweiten, sondern in der dritten Person die Rede:

Der Wechsel zu anderen Personen ist möglich, und dass *wir* unser Weinen hören bzw. *ich* mein Weinen höre, kann ich sagen, aber es ist undenkbar, dass ich *von mir weiche*! Ich kann eventuell von mir Abstand nehmen, ein Stück weit von mir zurücktreten – aber von mir *weichen*? Oder doch? Kann ich mich aufspalten in das Ich, den Übeltäter dort, und mich, das Ich, das sich vom Übeltäter distanziert? – Ja, ich kann das, wir können das. Und nicht nur für die Vergangenheit und Gegenwart ist das möglich, sondern auch für die Zukunft. Am Beispiel des Selbstmordes ist das begreiflich: Ich kann mich sehen als jenes Subjekt, das sich demnächst umbringen wird, und mir zugleich meinen Leib vorstellen, der ja auch ich bin, und der demnächst tot daliegen wird. Aber, was wird dann mit dem Ich sein? Der tote Leib werde zwar ich sein, aber auch wieder nicht; denn als Toter werde ich nicht mehr „Ich“ sagen können. – Seltsame Gedanken, die bei einer Psalmenmeditation auftauchen!

Freilich, Selbstmord ist eine außergewöhnliche Sache, aber nicht das Sterben. Es betrifft bekanntlich uns alle. Daher:

3.4. Psalm 90, 12

„Lehre uns bedenken <Gott ist angeredet>, dass wir sterben müssen, auf dass wir klug werden.“

Das Zeitwort „lehre“, eine Befehlsform, umfasst ein Du, das Du Gottes; es könnte aber auch das Du eines Freundes sein. Genauso könnte uns ein Er, Sie, Es, Ihr oder Sie ermahnen. Der Gegenstand der Meditation ist aber, dass ein Wir oder ein Ich vor der Tatsache steht, dass wir und ich sterben müssen. Nicht nur die oben erwähnte außergewöhnliche Möglichkeit oder manchmal eintretende Wirklichkeit des Selbstmordes, auch das ganz gewöhnliche Leben konfrontiert uns mit dem Gegenüber von Ich und Leib, von Ich und dem Leben, Ich und dem Totsein!

Alle Kulturen und Religionen setzen sich mit der Hinfälligkeit des Lebens und mit dem Tod auseinander, unsere moderne westliche Kultur eher wenig, vielleicht sogar am Wenigsten. Wir verlängern heute unser Leben mit Hilfe der Medizin in so hohe Jahre, wie es früher kaum denkbar gewesen wäre. Wir wollen unser Leben noch im Alter genießen, genießen es auch, unternehmen Dinge, die uns im Berufsleben nicht möglich waren und „verdrängen“, wie die Psychoanalyse sagt und wie es schon zum Gemeinplatz geworden ist, den Tod.

Aber was haben die Psalmen dazu zu sagen? Das, was ich aus Psalm 6, 8 zitiere: „Der HERR hört mein Weinen“, und aus Psalm 90, 12: „<Gott>, Lehre uns bedenken, dass wir sterben müssen“. Die Psalmen sagen, das jemand bei uns ist, bei unserem Ich und unserem belebten oder unbelebten Leib, neben, außer, über meinem Leben und meinem Tod: Jahwe, der HERR, der mich, dich beachtet, der mein, dein „Weinen hört“. – In unserer Meditation dürfen, ja sollen wir selbstverständlich unsere Zweifel, unsere Skepsis artikulieren, wir können sie aber auch beiseite lassen... Wir dürfen Atheisten, Agnostiker, ja sogar eine Weltreligion, den Buddhimus, als Genossen unserer skeptischen Fragen herbeirufen. Aber wir wollten doch wissen, was die Psalmen sagen. Und das sagen sie; mindestens Psalm 6 sagt es: Gott hört unser Weinen. Er ist bei uns, wenn wir weinen. Auch vorher, auch nachher.

3.5. Psalm 103, 15-16

"Ein Mensch ist in seinem Leben wie Gras, er blüht wie eine Blume auf dem Felde;

Wenn der Wind darüber geht, so ist sie nimmer da, und ihre Stätte kennt sie nicht mehr."

Wir Menschen sind anderen Lebewesen vergleichbar, nicht nur Tieren, wie Darwin erforscht hat, sondern sogar noch niedrigeren: den Pflanzen. Wie Gras wachsen wir. Manchmal blühen wir. Das Blühen wird hauptsächlich von jungen Menschen gesagt, und das Verblühen von alten.

Diese Verse sind auf alle menschlichen Personen anwendbar („Er ist wie Gras, ich bin wie Gras"), wie aus den Worten des Psalms selber hervorgeht. Wahrscheinlich wird sie ein Psalmbeter oder -meditierer naheliegender Weise auf sich beziehen, aber auch das Wir legt sich nahe. An die zweite Person gerichtet („Du bist wie Gras", „Ihr seid wie Gras") könnten diese Verse sowohl mahnend als auch aggressiv und verurteilend empfunden werden...

4. Meditationen über Nicht-Sinnliches: Gefühle und Gedanken

Ja, wird jemand sagen: Geben uns denn die Psalmen nicht genug Nicht-Sinnliches auf, wenn wir über Gott nachdenken müssen? Es stimmt, und das Nachdenken über Gott ist wohl das Zentrale in den Psalmen. Es gibt nichts Wichtigeres in den Psalmen als Gott! Aber, hier könnte der Einwand kommen: Damit führen uns die Religionen, vor allem die theistischen – und das sind die meisten – in eine religiöse "Ideologie" hinein, in den Theismus. Außer Gott, sagt dieser Einwand weiter, sei doch alles mit den Sinnen erfassbar: Menschen, Häuser, Bäume mit dem Gesichtssinn, der Lärm mit dem Gehörssinn, der Schmerz mit dem Schmerzsinn etc. etc.! Das ist alles real. Das Eine oder Andere davon nehmen die Psalmen ja durchaus auf, schreiben von dessen Einwirkung auf den Beter, und darüber lässt sich zweifellos meditieren. Aber die Psalmen nehmen auch Gefühle – nicht nur Empfindungen, sondern innere Erfahrungen – und Gedanken in ihr Singen und Beten auf, und die sind nicht sinnlich. Unter "Gefühlen" verstehe ich daher nicht Empfindungen und sinnliche Wahrnehmungen, sondern jene Eindrücke, Zeichen und Signale, die zwischen den Sinnen und den Gedanken angesiedelt sind. *Hass* z. B., um mit einem negativen Gefühl anzufangen, geht nicht von irgend einem Organ aus, genausowenig ist eine gehasste Person oder ein gehasster Ort der Hass selber, sondern nur der Anlass dazu. Hass ist ein Gefühl, das mich überkommt und aus dem ich möglicherweise handle. Viel wichtiger und schöner ist natürlich das Gefühl der *Liebe*, obwohl manche Leute sie vorschnell mit körperlichen Empfindungen identifizieren – aber ich glaube nicht, dass ich irgendeinem fühlenden Menschen das Gefühl der Liebe explizieren muss...

Einige weitere Gefühle will ich noch erwähnen, bevor wir uns an die Beispiele aus den Psalmen heranwagen: Das Gefühl der Freude, des Hochgestimmtseins, oder umgekehrt des Unwohlseins, das Gefühl, irgendwo nicht hinzupassen, oder dann wieder, am rechten Platz zu stehen.

Und nun die Gedanken! Obwohl die Psalmen keine philosophischen oder wissenschaftlichen Abhandlungen bieten, denken sie immer wieder über das Gute und Böse, über das Dasein des Menschen, sein rechtes Verhältnis zu Gott, seiner Schöpfung und zu den Mitmenschen nach. Gedanken gehen häufig aus dem Sinnlichen hervor, wenden sich ihm zu, sind aber nicht mit ihm identisch.

Aber wie ist es tatsächlich mit den Gedanken über Gott? Gott fällt aus dem Rahmen des Sinnlichen. Das ist klar. Warum reden, dichten und singen die Psalmen über ihn? Ist er gar eine Erfindung der Religionen, da uns doch sonst nichts Außer- oder Unsinnliches beschäftigt? – Weit gefehlt! Wir begegnen ihm in unseren Gefühlen und Gedanken.

4.1. Psalm 34, 15

„Lass ab vom Bösen und tu Gutes; suche Frieden und jage ihm nach!“

Weder Böses noch Gutes lassen sich irgendwo und irgenwie mit den Sinnen finden. Ja, der Schmerz und eine entzündete Stelle, wenn mich jemand schlägt, wird empfunden; aber das sind die Folgen des Bösen, das der Schläger im Sinn gehabt hat, nicht das Böse selber. Das Böse ist das Vornehmen meines Gegners oder Feindes, der sich entschlossen hat, mich zu schlagen, mich dann schlug, und sicherlich meinen darauf folgenden Schmerz, meine Beule oder Verletzung einkalkuliert hatte.

Ich kann manchmal sogar die Bosheit meines Gegners fühlen, jedenfalls aber kann ich erkennen, dass er mir Böses antun wollte.

Diese Regel: „Lass ab vom Bösen und tu Gutes" – ganz genauso steht es auch in Psalm 37, 27 – ist ganz einfach zu verstehen, sie ist eine Grundregel des menschlichen Zusammenlebens und geht allen anderen Geboten und moralischen Regeln voraus.

Und nicht nur in persönlichen Auseinandersetzungen kommt das Böse zum Zug: Denken wir jetzt an all das Böse, das in Kriegen und von militärischem Waffengebrauch ausgeht. Die dadurch geschehenden Zerstörungen kann und muss man mit Recht *böse* nennen, aber sind sie *das Böse*? Nein. Das Böse im Krieg sind die Feindseligkeiten, die sich vorher breit machen, die Kriegsabsichten, die vielleicht unehrlich geführten Verhandlungen zwischen den feindlichen Mächten, der Entschluss (wahrscheinlich auf beiden Seiten) zur Kriegsvorbereitung und dann der Ausbruch des Krieges. "Ausbruch" ist ein guter Begriff, um das Böse, das eben nicht sinnlich zu erfassen ist, das sich gerne versteckt, aber *erkannt werden kann*, zu entdecken: Manche stellen sich vor, der Krieg sei wie der sinnlich erfahrbare *Ausbruch* eines Vulkans vor sich gegangen. Die feindselige Aggression habe sich wie Magma im Untergrund der Erde angesammelt und sei dann "ausgebrochen". Aggression, Feindseligkeit, Krieg seien irgendwie ganz "natürlich".[30] – Bei nur einiger Menschenkenntnis und minimalem Zeitunglesen weiß aber jedermann und jede Frau, dass dem nicht so ist. Dem Kriegs-"ausbruch" sind bewusste politische Aktionen vorangegangen, und der Kriegsbeginn selber bestand zumeist in einer Kriegserklärung (die nirgendwo in der Natur vorkommt) oder einem Überfall, der auch nicht unbeabsichtigt "passiert" ist, sondern absichtlich befohlen wurde.

Natürlich (!) gibt es auch das sogenannte Böse beim Menschen: den spontanen Wutausbruch, eine plötzlich auftretende Gier welcher Art auch immer usw. Aber was uns Menschen von der natürlichen Aggression unterscheidet, ist das *wirkliche Böse*, das geplante, absichtlich ausgeführte Böse. Das meint unser Psalmvers mit den Worten „Lass ab vom Bösen!"

Neben den (leider) alltäglich vorkommenden kleineren Bosheiten, sind es die größeren Untaten, die bei uns Menschen zu Anklagen und Gerichtsverfahren führen. Hierbei wird dann u. a. untersucht, ob jemand "zurechnungsfähig" ist, ob

---

[30] Das ist übrigens die Ansicht von *Konrad Lorenz* in seinem Buch "Das sogenannte Böse. Zur Naturgeschichte der Aggression", 1974 (und mehrere Neuauflagen) – Dort schreibt er: "Gerade die Einsicht, daß der Aggressionstrieb ein echter, primär arterhaltender Instinkt ist, läßt uns seine volle Gefährlichkeit erkennen: Die Spontaneität des Instinkts ist es, die ihn so gefährlich macht." (24. Auflage, München 2004, S. 55)

man von ihm also *wirkliches Böses*, und nicht nur sogenanntes Böses erwarten musste. Genau diese Vorgehensweise von Gerichten zeigt, dass wir Menschen teilweise einem nicht-sinnlichen Bereich, dem Denken und Planen, zuzuordnen sind.

Dies ist nun aber nicht nur beim Bösen der Fall, sondern viel erfreulicher noch beim *Guten*, das wir tun sollen, wie der angeführte Psalmvers singt und sagt: "Tu Gutes". Natürlich gibt es auch sinnliches Gutes: das Essen, das Wohlfühlen, erotische Beziehungen, freundliche Menschen, andere natürliche Wesen um uns herum. Von denen können wir wohl Sinnlich-Gutes erfahren. Wir können Essen und Trinken von ihnen bekommen. Darüber hinaus können sexuelle Begegnungen eine Wohltat sein usw. usw. Das Sinnliche dabei ist zwar etwas Gutes, es ist aber nicht so ganz *das Gute*, das wir tun sollen.

Am besten kann man/frau das Gute an Liebe und Zuwendung beobachten: Dass ich jemandem etwas schenke, ihn/sie erotisch liebe, mich ihm/ihr zuwende, kann *bloß* sinnlich, *äußerlich* sinnlich, in Wahrheit aber zum Zweck meines Vorteils gedacht sein. Dabei weisen die Begriffe "Vorteil" und "gedacht" indirekt auf das Eigentliche hin, auf die wirkliche Liebe und/oder Zuwendung, die mir jemand entgegenbringt. Die bloß für ihn/sie vorteilhafte Liebe ist das Gegenteil davon. Manchmal bemerken wir den Unterschied zwischen "sogenannter" Liebe und *wirklicher* Liebe nicht sofort. Aber er ist bemerkbar und wird letzten Endes von jedem Menschen bemerkt.

Wir können in der Tat unterscheiden zwischen jemandem, der es *gut* mit uns meint und uns *liebt*, oder aber aus anderen (selbstsüchtigen) Gründen. "In der Tat"; denn die Taten des/der Gutes Tuenden und Liebenden lassen so manches ans Licht treten, das den Unterschied ausmacht.

Ebenso ist es beim *Frieden*. Er ist unsinnlich. Viele an der Bibel und religiös Interessierte wissen, dass schalom=Friede im Hebräischen der wichtigste Gruß ist, und dass dieser Schalom mehr als den Nicht-Krieg, sondern einen Gesamtzustand von Wohl und Heil umfasst.

Aber bleiben wir zuerst ruhig beim Nicht-Krieg, also beim Ende des Krieges. Was geschieht da ganz unmittelbar? Die Waffen schweigen. Keine Raketen, keine Bomben, kein Gewehrfeuer. Nichts. Alles Sinnliche hat aufgehört. Es hat "gehört" "auf" das Aus des Krieges. Schon der Friede als Schweigen der Waffen ist also nicht-sinnlich.

Das Schweigen der Waffen ist zwar erst eine Hoffnung, ein Anschein des Friedens, aber immerhin der Beginn des wirklichen Friedens, wenn er denn wirklich eintritt. Zum wirklichen Frieden gehört mehr, nicht nur das Ausgehen der Munition und der Bomben, die völlige Erschöpfung der Kombattanten, nämlich *Nicht-Sinnliches*: der Wille, mit Zerstörungen aufzuhören, die Einsicht, dass die Bevölkerung beider Kriegsparteien genug gelitten hat und eine besseres Leben als das im Bombenhagel verdient, der Entschluss, den Feind ernstzunehmen, ihn anzuerkennen, mit ihm zu verhandeln, vielleicht in Hinkunft sogar Kooperationen mit ihm einzugehen.

Auch die Worte des Psalmverses "Jage ihm nach" (nämlich dem Frieden), drücken Unsinnliches aus. Zwar sprechen sie im übertragenen Sinn von einer "Jagd"; aber jeder Leser wird sofort verstehen, dass nicht Tiere gejagt werden sollen, sondern ein Zustand, ein Leben, das sich radikal von jedem Krieg abhebt. Hier drückt die übertragene Bedeutung eines Zeitwortes "jagen" etwas Nicht-Sinnliches aus.

4.2. Psalm 34, 22

"Den Böswilligen wird das Unheil töten, und die den Gerechten hassen, werden zugrunde gehen."[31]

Es ist ein gar nicht so selten beobachteter Vorgang, dass sich Böswillige und Missetäter in ihre eigenen Untaten verstricken. "Gott sei Dank" sagen dann sogar unreligiöse Zeitgenossen... Leider, wird man denken, nicht oft genug! Aber vertrauen darauf kann man auch nicht. Und die Böswilligen reißen leider oft andere mit in ihren eigenen Untergang. Beides kommt immer wieder vor.

Unser Sprichtwort "Wer andern eine Grube gräbt, fällt selbst hiein", geht auf Psalm 7, 16 zurück, wo es heißt: "Er hat eine Grube gegraben und ausgehöhlt – und ist in die Grube gefallen, die er gemacht hat."

Dass das Unheil durch Handlungen eines Böswilligen auf diesen selber zurückfallen, ja ihn sogar töten kann, ist zwar ein sinnlicher Vorgang, aber die Umkehr der geplanten Bewegungsrichtung der Übeltaten ist nicht-sinnlich, wie ja sogar schon das Planen des Bösen durch den Böswilligen nicht-sinnlich war. Eine solche Nicht- oder gar "Über"-sinnlichkeit ist zwar nichts Bewundernswertes, aber Zeichen dafür, dass wir Menschen leider auch mit unseren üblen Seiten weit in das Nicht-Sinnliche hinausgreifen...

Das evidente Beispiel aus der jüngeren Geschichte ist der von Hitler, den Nazis und Deutschland angezettelte 2. Weltkrieg, der zur Weltherrschaft Deutschlands hätte führen sollen, aber zu entsetzlichen Zerstörungen rund um Deutschland, in Deutschland und zu seiner territorialen Verkleinerung geführt hat...

Auch viele individuelle Straftaten kann man unter diese Rubrik einordnen: Ein Verbrecher meint durch eine Tat Vorteile zu erlangen. Wenn sie aber unter das Strafregister fällt und der Verbrecher geschnappt und verurteilt wird, fällt seine Tat auf ihn zurück.

Meditativ dürfen wir uns darauf konzentrieren, dass schon im bewussten Planen einer Untat und/oder in der Angst, erwischt zu werden, nach vollzogener Untat

---

[31] Hier übersetze ich mit M. Dahood anders als die moderne Lutherbibel. M. Dahood: "Evil will slay the wicked, and those who hate the just will perish." (Mitchell Dahood: Psalms I [1965] Garden City, N Y, 1982, S. 205) – Die moderne Lutherbibel (1984): "Den Gottlosen wird das Unglück töten, und die den Gerechten hassen, fallen in Schuld." – Das Wort "Böswilliger", das ich für herbr. *rascha* verwendet habe, lässt sich gleicherweise mit *wicked* und *Gottloser* übersetzen. Ich habe "Böswilliger" verwendet, um zu zeigen, dass man nicht in einen religiösen Kontext einzutreten braucht, um Nicht-Sinnliches an uns Menschen zu finden.

nicht-sinnliche Gefühle und Gedanken einen Menschen begleiten, der Böses vorhat. Er hat Angst vor Verfolgung, Entdeckung, Schuldgefühle und schlechtes Gewissen...

4.3. Psalm 51, 3

"Gott, sei mir gnädig nach deiner Güte, und tilge meine Sünden nach deiner großen Barmherzigkeit."

Zweifellos greifen Wort und Begriff "Gott" in das Nicht-Sinnliche hinaus. Das ist wohl selbstverständlich. Oder hat irgendwann einmal jemand geglaubt, Gott sei ein alter Mann mit weißem Bart, der auf einer Wolke sitze? Natürlich nicht, aber Derartiges darstellende, wenn auch wunderschöne, Gemälde verführen zur Kritik der biblischen Schriften, indem sie etwas Nichtsinnliches für etwas Sinnliches ausgeben. Deshalb habe ich bereits an früheren Beispielen gezeigt, dass die Psalmen mit ihrer Sprache und überhaupt wir Menschen mit unserer Sprache genauso im Nichtsinnlichen wie im Sinnlichen zu Hause sind.

Nun will ich mich anhand dieses Psalmverses erst einmal mit dem (nicht-sinnlichen) Ausdruck "sei mir gnädig" befassen: Das hebräische Wort an dieser Stelle (chonnéni) kann auch mit "erbarme dich meiner" übersetzt werden. Damit ziehen wir Gott in unseren Erfahrungshorizont hinein, nicht in den sinnlichen, aber auch nicht bloß in unseren gedanklichen, sodass wir Gott ausschließlich als theologischen Begriff meditieren müssten, sondern auch in unseren Gefühlshorizont. "Sei mir gnädig", ist eine Bitte, die ein liebevolles, verständnisvolles persönliches Verhältnis erhofft. Und "sei mir gnädig" und "erbarme dich meiner" sind sprachliche Wendungen, die wir nicht nur im Gebet gegenüber einem uns schwer begreifbaren Gott, sondern auch gegenüber Menschen gebrauchen können.

In der Bitte um Erbarmen an einen Mitmenschen wollen wir, dass dieser seine Meinung über uns ändere und sein Verhalten gegen uns zum Besseren kehre. Vielleicht war jemand mit Grund zornig über mich. Jetzt will ich ihn/sie dazu bewegen, mir zu verzeihen und mich wieder als vertrauenswerten Menschen, vielleicht sogar als Freund, anzunehmen.

Beides ist nicht-sinnlich und bezieht sich auf Nicht-Sinnliches: sowohl die Bitte um Erbarmen als auch das Verzeihen, sowohl wenn die Bitte an Gott gerichtet wird und er verzeiht, als auch wenn ein Mensch um Verzeihung gebeten wird und dieser verzeiht.

Damit wir das Nicht-Sinnliche anhand von sinnlichen Beispielen besser verstehen, spricht die zweite Hälfte des Verses bildhaft: "Tilge meine Sünden nach deiner großen Barmherzigkeit." Unter Tilgung können wir uns als das Löschen einer Rechnung auf einer Tafel vorstellen, auf der wir haben "anschreiben" lassen oder das Zerreißen eines Schuldscheines. Großes wird hierbei erwartet: ein gänzliches Vergessen des Vergangenen, ein völliger Neuanfang! Die "*große* Barmherzigkeit" verleiht der vorher genannten *Güte* eine sinnliche Dimension, ebenfalls die der Größe.

4.4. Psalm 51, 5

"Ich erkenne meine Missetat, und meine Sünde ist immer vor mir."

Mit "Sünde" haben wir einen der wichtigsten Gegenstände und Gedanken der Psalmen vor uns: die Einsicht in unsere eigenen Fehler, Irrtümer, Missetaten und Sünden. Darauf muss ich stets von Neuem mit den Psalmen insistieren. "Sünde" ist jener biblische Begriff, der heute teilweise abgekommen oder zum Tabu geworden, teilweise aber auch verharmlost worden ist ("Verkehrssünden", "Diätsünden"), den wir aber unbedingt beibehalten und würdigen sollten.

Eine Missetat ist sinnlich erfahrbar, aber die dazugehörige Sünde nicht. Sie kann der Eindruck von Mitmenschen, aber auch die eigene Einsicht sein, dass etwas Getanes falsch oder böse war, sie kann aber auch als Gefühl auftreten: als mein Gefühl in mir oder als Mitgefühl mit anderen. Etwa kann ich mit dem-/derjenigen fühlen, der/die von meiner Missetat betroffen war. Dies heißt Schuldgefühl, und es kann ganz unabhängig von einer moralisch-ethischen Einsicht auftreten, aber auch unabhängig von der sinnlichen Beobachtung eines Schadens, den ich angerichtet habe.

Freilich neben dem Mitfühlen und dem Schuld*gefühl* ist die Selbst*erkenntnis* ebenso wichtig. Selbsterkenntnis muss nicht Sündenerkenntnis sein, ist es aber oft: Dann sehe ich in meiner Selbsterkenntnis, dass ich gespalten bin: Da dieser Mensch, der ich sein will und als der ich geachtet werden will, und da jener/jene andere, der/die gar nicht so gut und beachtenswert ist. Es ist aber wichtig, mich in meiner Gespaltenheit und Doppelheit als ein einheitliches Ich zur Kenntnis zu nehmen: Das bin wirklich ich! In der Selbsterkenntnis versagen viele Menschen, wahrscheinlich sogar die meisten.

Da ist dann die Frage: Was ist schwerer: Die eigenen Fehler vor sich selber zuzugeben oder vor jemandem anderen? Oftmals ist man mit sich selber nicht kritisch genug. Das Durchdenken meiner verfehlten Handlungen, betreffend die eigenen Fehler, ist schwer. Es kann dabei helfen, auf andere zu hören, auch wenn ich mir im ersten Moment "nichts sagen lassen" will. Im Nachhinein denken wir dann doch über die Vorwürfe der anderen nach. Und manchmal haben wir selber das Bedürfnis, uns jemandem wegen unsere Fehlhandungen und Schuldgefühle anzuvertrauen. Sollte es uns aber zu schwer fallen, einem nahen oder fernen Menschen unsere Sünden zu gestehen, sollten wir auch keine/n Freund/in, Seelsorger oder Psychiater finden, der uns zuhört, so kann uns die Meditation über diesen Psalmvers anleiten, im Gebet zu Gott zu sprechen und ihn um Verzeihung zu bitten.

Und genauso, wie die menschliche Bosheit und menschliche Güte, des Menschen Jagen nach dem Frieden nicht-sinnliche Vorgänge sind, so sind es auch die Erkenntnis der eigenen Sünde sowie schließlich die Verzeihung.

Mehrmals habe ich schon darüber geschrieben, dass Gott selber unter die nicht-sinnlichen, nämlich gefühlten und gedachten Erfahrungen und Vorgänge einzureihen ist. Ist das vertretbar? Zwar werde ich zum Schluss noch über "Die Frage aller Fragen: Wer ist Gott?" meditieren und dabei stärker theologisch ausholen, aber vorher möchte ich gleich anschließend noch über Psalm 27, 8-9 meditieren und die Frage behandeln, ob Gott tatsächlich im Bereich des Gefühls (vielleicht sogar im Bereich der Sinnlichkeit) auftritt, und sein Sein nicht bloß den TheologInnen und ReligionsphilosophInnen überlässt...

4.5. Psalm 27, 8-9

"Mein Herz hält dir <Gott> vor dein Wort: 'Ihr sollt mein Antlitz suchen.' Darum suche ich auch, Herr, dein Antlitz.
Verbirg dein Antlitz nicht vor mir, verstoße nicht im Zorn deinen Knecht!"

In diesen Psalmversen fallen die Worte "Suchen des Antlitzes" Gottes auf. Dies ist dem Beter ein vordringliches Anliegen. Aber was ist damit gemeint? Der Gott der Israelischen Religion und daher der Hebräischen Bibel ist bekanntlich unsichtbar (außer in ganz seltenen Ausnahmefällen, etwa in der Vision Jesaias, Kapitel 6). Die Suche des Antlitzes Gottes müsste also für den Psalmbeter im Nirgendwo enden...

Nun hat es aber im 1. Teil des Psalms, Vers 4, geheißen: "Eines bitte ich vom Herrn, das hätte ich gerne: dass ich im Hause des Herrn bleiben könne mein Leben lang, zu schauen die schönen Gottesdienste des Herrn und seinen Tempel zu betrachten."32 Will der Psalmbeter möglicherweise für immer im Tempel bleiben und unaufhörlich die Gottesdienste miterleben? Das würde er wohl nicht durchhalten, und nicht einmal dann würde er das Antlitz Gottes sehen, denn im Tempel zu Jerusalem gab es kein "Antlitz Gottes", da das Allerheiligste keine Gottesstatue enthielt wie die orientalischen und griechischen Tempel und das Machen von Götterbildern in der israelitischen Religion verboten war, wie das zweite Gebot (2. Mose/ Exodus 20, – das von den meisten christlichen Kirchen und Konfessionen unterdrückt wurde) einschärfte!

Das Suchen des Angesichts Gottes muss etwas Anderes bedeuten, das sich auf Gedanken und Gefühl bezieht: Am Ehesten wird man an das Gebet denken, in dem sich der Psalmist mit den Gedanken, die er im Gebet formuliert, Gott zuwendet, aber auch mit seinem ganzen Gemüt, mit dem er sich auf Gott hin ausrichtet.

Mitchell Dahood versteht schon den Vers 4 dieses Psalms "Eines bitte ich von Herrn, das hätte ich gerne, dass ich im Hause Herrn bleiben könne mein Leben lang" als als Bitte um ein Sein im Jenseits: "This verse is a prayer for eternal bliss

---

[32] Psalm 27 "setzt" eine "kultische Situation voraus", wie Artur Weiser analysiert (Weiser Artur: Die Psalmen Die Psalmen, 1. Teil, 6. Aufl., Göttingen 1963, S. 165).

with Yahweh in heaven."33 Ebenso versteht er "das Haus Jahwes, der Herrn": "The heavenly habitation of Yahweh is meant here."34

Aus dem Psalm erfahren wir weiterhin, dass das Verhältnis zwischen dem Beter und Gott gegenseitig ist, da der Beter Gott ja bittet: "Verbirg dein Antlitz nicht vor mir" und damit seiner Hoffnung Ausdruck gibt, dass Gott ihm sein Antlitz (etwa nach einer Sündenvergebung) wieder zuwenden wird.

4.6. Psalm 35, 9

"Aber meine Seele soll sich freuen des Herrn und fröhlich sein über seine Hilfe."

Hier will ich nur überhaupt auf die nicht-sinnliche Auffassung der Seele und Gottes, des Herrn, hinweisen und auf das Nicht-Sinnliche beim Freuen und Fröhlichsein, ohne die genaueren schwierigen Fragen rund um die Nicht-Sinnlichkeit der Seele anzugehen. Zwar tragen äußere Umstände oftmals zum Freuen und Fröhlichsein bei, aber es geschieht auch bisweilen, dass man trotz lustiger Kameraden, Alkohol und Musik nicht und nicht "in Stimmung kommt". Umgekehrt wieder kann sich Freude unversehens unter widrigen Umständen einstellen. Und erst die Freude über Gottes Hilfe!

Wir dürfen so manches als Gottes Hilfe ansehen und darüber meditieren: die unverhoffte Besserung oder Heilung einer Krankheit, die Wiederherstellung einer gestörten Beziehung, den Erfolg einer Arbeit und Bemühung... Wenn wir uns bei solchen Gelegenheiten freuen, tritt gewiss auch Sinnliches zum Freuen hinzu; aber das Freuen und Fröhlichsein ist nicht mit dem Tanzen und Springen identisch, die wir vielleicht vollführen, sondern ist auf unsinnliche Weise schon vorher da!

---

[33] Mitchell Dahood (Psalms I [1965] Garden City, N Y, 1982, S. [1970] Garden City, N Y, 1981, S. 167

[34] Ebd.

5A. Entscheidungsfragen: Ja? Nein?

Wenn durch eine Entscheidungsfrage (Existiert das? Ist das so?) etwas *in Frage gestellt wird*, läuft das auf die Annahme hinaus, dass das Behauptete gar nicht existiere, sondern eventuell sein Gegenteil oder irgendetwas anderes. Damit ist das Behauptete – mindestens bis zu seinem positiven Existenzbeweis – verneint, also nichtig. In der Meditation darf man alles verneinen: die gläubigen Behauptungen des Psalmdichters, die Aussichten auf ein besseres Leben, ja Gott selber. Das bedeutet für die Psalmenmeditation, dass sie auch ohne weiteres unter atheistischen oder agnostischen Vorzeichen durchgeführt werden kann...

Da wird vielleicht jemand sagen: Sollen doch die Atheisten und Agnostiker ihre Finger von unseren schönen Psalmen lassen! – Gerade das Gegenteil ist angemessen! Sosehr die Psalmen auch die Erde, unser Ergehen, unsere Bedrohungen, unsere Feinde, unsere Krankheiten, unseren Tod und viele andere irdische Gegebenheiten besprechen (eigentlich: besingen), sosehr weisen sie darüber hinaus: auf die Existenz des Himmels (modern gesprochen: auf die unmeßbaren Ausweitungen der Raumzeit, die Überwindung unserer Bedrohungen, Krankheiten, unserer Furcht vor dem Tode etc. Unser Heil und unsere Heilung erwarten sie von Gott.

Es ist aber das Kennzeichen unserer westlichen Zivilisation, dass sie noch mehr als andere Zeitalter vor ihm am Materiellen haftet: am ökonomischen Fortschritt, am Besitz, am Geld. Die Verneinungen der Religion, die ziemlich en vogue sind, zeigen an, dass man sich vom Vorgegebenen verabschieden kann – warum nicht auch vom Haften am Materiellen und von der Verneinung der Religion? Das Negieren ist unsere Fähigkeit, uns über das Vorhandene hinwegzuschwingen. Das heißt zwar nicht, dass wir dann sofort beim Glauben und bei Gott ankommen, aber die Chance dazu haben wir – durch die Negation! Das Negieren ist unsere Fähigkeit zum Nicht-Sinnlichen, die schon vorher auf andere Weise aufgezeigt wurde.

Das Negieren, auch Gottes in unserer religionskritischen westlichen Welt, ist der gravierende Unterschied zum Psalmgebet, das ohne Anrede an Gott letztlich sinnlos wird. Nicht so die Psalmenmeditation: Denn soviel in den Psalmen auch von Gott die Rede ist: Gott, seine Handlungen, seine Beziehungen zum Menschen, zum Beter, können nachdenkend/ meditierend in Frage gestellt, ja verneint werden, denn – warum nicht? – auch unter dem Vorzeichen der Verneinung darf jemand über Gott meditieren. Unter dem Vorzeichen der Bejahung, der Hoffung, der Erwartung, aber auch Verneinung und der Infragestellung...

5A.1. Psalm 27, 1

„Der HERR ist mein Licht und mein Heil, vor wem sollte ich mich fürchten?“

Hierzu kann man zwei Entscheidungsfragen stellen bzw. zwei Verneinungen anbringen:

a) Ist Gott, der HERR, wirklich mein Licht und mein Heil? Bzw. man kann ihn verneinen: Gott ist so geheimnisvoll und dunkel, wie ja sogar aus vielen Bibelstellen hervorgeht, dass höchstens die ganz unverzagt Gläubigen in ihm Licht sehen; ich und viele andere nicht!

b) Der Satz „Vor wem sollte ich mich fürchten?“ legt ganz deutlich die Antwort „vor niemandem“ nahe, die manche Menschen aber sehr bezweifeln werden. Man braucht also den Satz nicht gelten zu lassen und kann sagen: Ich und andere müssen sich sehr wohl vor bösen Menschen oder Schicksalsschlägen fürchten.

Ad a) Meditieren über diese Aussage bedeutet, sich in den Gläubigen, der den Psalm gedichtet hat, hineinzuversetzen, um zu verstehen, wie sich jemand aus Not und Bedrohung heraus auf den Gott der Religion seines Volkes und der Welt hin ausrichtet, um seine entscheidende Hoffnung, von Gott beschützt zu werden, auszusprechen. Wir ChristInnen, die uns ja an das Alte Israel anschließen, dürfen dieselbe Frage wie der Psalmdichter fragen und daraus kann das Vertrauen entstehen, dass Gott unser Schutz und unser Heil sein will.

Das Wort *Heil* in seiner weitausgreifenden Bedeutung verstehen wir zwar heute noch, aber wir wissen auch, wie sehr es missbraucht und zu verführerischen Zwecken eingesetzt werden konnte.

Das Wort „Heil“ erinnert nämlich fataler Weise an den Gruß „Heil Hitler!“ aus unserer jüngsten Geschichte, mit dem im sog. Dritten Reich die Leute gegrüßt haben (siehe oben 1.3.). Gott ist aber in Psalm 27 keine vergangene Vorstellung, kein vergangener Glaubensinhalt. Die Hitler-Anhänger hätten wahrscheinlich behauptet: Unser neues Heil ist eine hochbegabte Person, ein Führer, der seine Qualitäten gerade beweist und noch beweisen wird. Das bedeutet aber nicht, dass es wegen einer ehemaligen Hitler-Verehrung vieler Menschen nicht erlaubt sei, das Wort *Heil* in diesem Psalmvers zu gebrauchen.

Ad b) Furcht ist wohl ein psychischer Zustand, der jeden und jede von uns des Öfteren in Beschlag nimmt. Da deutet unser Psalmvers nun an, dass Gott die sicherste Hilfe aus der Furcht sei. Es gibt auch andere Hilfsmittel gegen Furcht: äußere Abwehrmaßnahmen, innere Maßnahmen zur Beruhigung, aber das Psalmwort will uns sagen: keines reicht an den Schutz durch Gott heran. Freilich, wir können das bezweifeln, aber es ist allemal der Mühe wert, sich zu fragen, woher eine Rettung kommen könnte, wenn ich mich fürchte, und wer die letzte Instanz aller Rettungsmaßnahmen sein wird.

5A.2. Psalm 34, 15

"Lass ab vom Bösen und tu Gutes; suche Frieden und jage ihm nach."

Ein Ja oder Nein steht vor uns: Gutes und Böses. Das ist wohl eine Entscheidungsfrage, ja eine Grundfrage des Lebens! Und dieser Psalmvers – wie auch sonst manche Stellen des Alten Testaments – muten uns zu, darüber Bescheid zu wissen, bevor wir uns noch an den 10 Geboten oder anderen Vorschriften orientiert haben.

Gleichwohl könnte jemand fragen: Was ist denn Gut und was ist Böse? Ist es gut, wenn ich etwas für mich will, oder ist auch das schon böse? – Darauf gibt der Psalmvers im zweiten Satz eine subtile, aber deutliche Antwort: "Suche Frieden."

Im Miteinander ist das Gute zu erkennen, im *friedlichen* Miteinander (es gibt ja leider auch ein Miteinander-Kriegführen, das aber in Wahrheit ein Gegeneinander-Kriegführen ist). – Im Frieden mit den Mitmenschen, erstlich und letztlich aber auch im Frieden mit Gott liegt das Gute. Das Gegenteil davon ist das Böse.

Die Bibel hat für den Frieden mit dem/der Nächsten einen sehr guten Maßstab: "Du sollst deinen Nächsten lieben wie dich selbst." (3. Mose/Leviticus 19, 18 – zitiert im Matthäus-Evangelium 22, 39, parallel: Markus-Evangelium 12, 31). An diesem Maßstab kann eine sehr praktische Meditation einsetzen: Habe ich meinem/meiner Nächsten dasselbe gegönnt, gegeben, zugeschrieben wie mir selbst? – Sie werden merken, wie oft es vorkommt, dass doch ich selber mir einen Vorzug gegenüber anderen einräume! Das kann bald Unfrieden hervorrufen...

5A.3. Psalm 53, 2

„Die Toren sprechen in ihrem Herzen: ‚Es ist kein Gott'."

Hier haben wir es bereits selbst mit einer Verneinung zu tun; diese kann und muss ernsthaft bedacht, kann aber ihrerseits mehrfach in Frage gestellt werden:

a) Sprechen die Toren wirklich selber so? Nämlich in ihren Herzen? Sprechen sie nicht vielmehr eine häufig vertretene Ansicht nach? Sind sie wirklich so gedankenlos, dies nachzusprechen?

b) Haben die Toren mit ihrer Ansicht Recht? Sind die Religionen und die vielen Menschen, die sagen: „Ja, es ist ein Gott" alle verblendet? Haben alle Philosophen, die Gottesbeweise vorgetragen haben, Unrecht?

Ad a) Wir können darüber meditieren, wie sehr der Gottesglaube „angelernt" ist, eleganter gesagt: „durch Sozialisation erworben". Ganz so selbstverständlich, fraglos, vielleicht durch die Erziehung "eingebleut" sollte die Bejahung Gottes aber nicht sein! Es ist zu vermuten, dass jedoch auch die Ablehnung Gottes ansozialisiert wird. Manche „Toren", können gar nicht anders, als eine angelernte Ablehnung Gottes zu vertreten. Sie haben aber die Chance, sich mit anderen zu besprechen, zu lernen und zu einer gedankenvolleren Ansicht zu gelangen...

Ad b) Wir müssen mit den "Toren" vorsichtig umgehen, uns freundlich mit ihnen besprechen. Vielleicht sind sie unser Spiegelbild. Vielleicht haben wir vor einiger Zeit selber gedacht „es ist kein Gott"! Dann würden wir uns selber verwerfen, wenn wir allzu grob auf die *Toren* reagierten. – Darf sich die Freiheit des Glaubens nicht mit vielen Ansichten, auch den gegenteiligen, auseinandersetzen? Und besteht die Torheit der Toren nicht hauptsächlich darin, genau zu wissen, dass kein Gott ist? Haben sie dafür Beweise? Hatten wir damals Beweise, als wir auch noch so töricht waren wie die Toren? Haben wir heute Beweise für die Existenz Gottes? Und sind die Beweise, die wir etwa vorbringen können, nicht widerlegbar? Woher rührt unser Glaube an Gott, die wir keine Toren sein wollen? Ist er endgültig gefestigt?

Meditieren wir also über all das: Was jene und wir selber „in unseren Herzen" über Gott sprechen, über die Sozialisation in einer religiösen oder nichtreligiösen Umgebung, über die Vernunft, die bei einer Annahme oder Ablehnung Gottes herangezogen wird, über die Grenzen dieser Vernunft und darüber, warum der Psalm 53 die Toren zurückweist...

5A.4. Psalm 62, 8

„Bei Gott ist mein Heil und meine Ehre, der Fels meiner Stärke, meine Zuversicht ist bei Gott."

Dies lässt sich in Frage stellen: „Ist es wahr, dass bei Gott mein Heil ist?" Oder verneinen: „Mein Heil ist nicht bei Gott." Auch heute wird der Atheismus von so manchen Leuten gelebt. Man kann ja nicht nur fragen: *Was* heißt das: „Bei Gott ist mein Heil"? (Siehe dazu den Abschnitt „Fragen: Wer? Was? Warum?), sondern: Stimmt es denn, dass mein Heil bei Gott ist? Mein Heil könnte doch beim gesicherten Leben, bei Verwandten und Freunden, beim Vermögen, beim Geld etc. sein, oder – Pech für mich – nirgends, also gar nicht existent! Also noch weiter zurückgefragt: Gibt es überhaupt Heil? Das kann man bezweifeln, aber dass die gesamte Welt voller Unheil wäre, wird wohl niemand behaupten!

Auch der Agnostiker/ die Agnostikerin wären nicht gehindert, über diesen Psalmvers zu meditieren. Er/ sie könnte sagen: Vielleicht ist mein Heil bei Gott oder bei irgendeinem anderen (neutralen) Absoluten, vielleicht auch nicht. Es ist bald dort, bald da. Ich weiß es nicht. Vielleicht werde ich es einmal wissen, vielleicht auch nicht...

Aber auch die Zusätze zu „Heil", nämlich „ Ehre, Fels meiner Stärke, meine Zuversicht" können in der Meditation verneint werden. Es ist ja möglich, dass ich zwar Heil habe (etwa gesund bin, mich von Gott geliebt weiß), mir aber die Ehre, ein Fels meiner Stärke und meine Zuversicht fehlen, obgleich diese positiven Bestimmungen deutlich zusammgehören. Heil zu haben, heil zu sein, lässt sich denken, ohne dabei geehrt zu sein, aber ohne den „Fels meiner Stärke" (womit im Zusammenhang des Psalms ein Bild von Gott gezeichnet wird) und ohne „Zuversicht"? Doch wohl nicht! Kann ein zuversichts- und hoffnungsloser Mensch Heil besitzen? Darüber zu meditieren führt in Abgründe, die freilich auch den Psalmen nicht fremd sind...

5A.5. Psalm 103, 2-3

“Lobe den HERRN, meine Seele, und vergiss nicht, was er dir Gutes getan hat:
Der dir alle deine Sünde vergibt und heilet alle deine Gebrechen."

Zuerst möchte ich die Frage stellen „Hat dir (mir) Gott Gutes getan?" Wie soll ich das erkennen? Der Psalmdichter meint wahrscheinlich, dass alles Gute, das mir in meinem Leben begegnet ist, von Gott stammt. Das kann ich aber nur dann bejahen, wenn ich a) annehme, dass Gott existiert, und b) dass er Gutes bewirkt – woran sich die Frage schließt, ob Gott ausschließlich, hauptsächlich, vorwiegend oder nur bisweilen Gutes tut. Wir bemerken also in unserer Meditation, dass dieser Vers sowohl die Existenz Gottes als auch seine Wohltaten entweder voraussetzt oder in Frage stellt. Unsere Infragestellungen und unsere Verneinungen vertiefen das Meditieren, sie können aber ebenso auf die Grundannahme des Psalmdichters zurückführen und bewirken, dass wir uns auf den von ihm vorausgesetzten guten Gott meditierend einlassen...

Damit möchte ich auf die Meditation von Vers 3 eingehen. Für die Imperative „lobe" und „vergiss" im 2. Vers kann ich auf den Abschnitt über die Modi des Verbs hinweisen; zum 3. Vers sind jedoch Entscheidungsfragen und Verneinungen zu meditieren: Ja, dass Gott auf menschliche Bitten hin oder nach Vollzug von Sühneriten Sünden, sogar alle (!) vergibt, ist gängige Annahme in den monotheistischen Religionen, aber das ist zusätzlicher Überlegung wert: Wie soll das Vergeben zugehen? *Ver*geben bedeutet doch ein derartiges *Weg*geben eines *Ge*gebenen, dass es nicht mehr *ge*geben ist, also *gar nicht mehr ist*. Unter Menschen kann man sich das in der Weise vorstellen, dass eine Untat oder Schuld, die zwischen zwei Menschen stand, verziehen wird. Diese Menschen sagen dann „Schwamm darüber", oder die Schuld (Schulden) wird in Übereinkunft beglichen. Die Zwei können sodann ihre frühere Beziehung erneuern, vielleicht sogar auf eine neue Basis stellen.

Auch dass Gott Sünden, die gegen ihn begangen wurden (etwa gegen die Gebote 1, (2), 3 und 4 der Zehn Gebote), verzeiht, lässt sich gut nachvollziehen. Aber wie kann Gott einmal Gegebenes ungeschehen machen? Etwa ein Verbrechen, das ich an Menschen (an einzelnen Lebewesen oder an der Natur als ganzer) begangen habe und dessen Folgen sich vielleicht (siehe Klimawandel!) in alle Zukunft durch die Geschichte ziehen werden? – Das rührt wohl an die zum Abschluss zu behandelnde Frage „Wer ist Gott?", womit ich aber nichts vorwegnehmen will. Lieber will ich die Entscheidungsfrage stellen „Kann Gott alle Sünden vergeben?" und diese sogar zur Verneinung umformulieren und meditierend behaupten: Gott kann nicht alle Sünden vergeben. Vielleicht ausnahmsweise mir, wenn ich in einem Psalmgebet demütig bitte; aber dir und allen andern? Würde der Satz „Gott vergibt alle Sünden" stimmen, müsste ich nämlich annehmen, dass das auch in Zukunft gelten würde, und ich daher alle nur möglichen Untaten begehen könne, weil sie ja vergeben werden würden...

Dieser Vers dürfte also keineswegs in die Verallgemeinerung abgleiten, sondern müsste sich auf die persönliche Beziehung der Beter zu Jahwe, dem HERRN, begrenzen lassen.

Weiters ist zu bedenken und darüber zu meditieren, dass der besprochene Psalmvers an sich eine Negation (*Ver*gebung) ausspricht. Könnte es daher nicht sein, dass die eben ausgeführte Kritik ihre Wahrheit darin hat, dass eben Gott, der HERR, alle meine Sünden in Wahrheit nicht vergibt, sondern in irgendeinem Speicher ad infinitum aufbewahrt? Das heißt: Ist *Ver*gebung (völlige Verneinung) von etwas in der Vergangenheit Geschehenem überhaupt denkbar? Anders gefragt:

Ist ein Vergeben und damit Vergehen von einmal Geschehenem überhaupt denkbar? – Wenn Gott wie im Christentum und in der Religionsphilosophie Geist ist, dann wäre doch wohl eine seiner Fähigkeiten die geistige Aufbewahrung alles dessen, was einmal war, also auch dessen, was er – oder irgend jemand anderer – *vergeben* hatte...

Und dann die Wendung „und heilet alle deine Gebrechen": Hieran sind wohl im Besonderen unsere Fragen, wenn nicht sogar Verneinungen, zu knüpfen! Die (deine) Gebrechen (hebr. *tachaluajchi*) müssten vielleicht besser mit „Krankheiten"[35] übersetzt werden, was schwerer wiegt, doch wiegt auch das Wort „Gebrechen" in der Lutherbibel ziemlich schwer. Heilt Gott alle meine, deine Gebrechen? Wohl nicht! War ich je ohne Gebrechen, werde ich je ohne sie sein? – Anscheinend konnte Jesus Krankheiten heilen. Es gibt auch moderne „Heiler" (nicht nur dubiose), Spontanheilungen kommen gar nicht selten vor, und vor allem können wir annehmen, dass Gott dich und mich manchmal spontan, manchmal durch die Schulmedizin und die Hände von Ärzten heilt. Aber alle Krankheiten? Alle Gebrechen? Die Gebrechen des Alters und das letzte Gebrechen, das zum Tod führt, nicht. Oder doch? Will der Psalmist sagen, dass er gegen allen Anschein an Gottes Heilkräfte glaubt, und dass auch wir das tun sollen? Die Alten Israeliten haben das offensichtlich geglaubt (siehe etwa Psalm 147, 3 und 2.Mose/Exodus 15, 26)!

---

[35] Köhler, Ludwig/ Baumgartner, Walter u. a.: Hebräisches und aramäisches Lexikon zum Alten Testament, Lieferung IV, Leiden/ New York/ Köln, 1990, S. 1582

5B. Ergänzungsfragen: Wer? Was? Wie? Wo? Wohin? Wann? Warum?

Solche Fragen drängen sich von selber fast bei jedem Lesen, Beten oder Meditieren der Psalmen auf. Diese religiösen Dichtungen veranlassen uns sowohl durch ihr Alter (ca. 3.000 Jahre, aber über einen längeren Zeitraum hindurch entstanden) als auch durch die religiöse Situation Israels im Alten Orient zum Nachfragen. Die Psalmen treffen aber auch existenzbezogene Aussagen, die sich auf uns beziehen können, zumeist grundlegend, dabei aber ganz einfach sind. Sie lassen uns jedoch manchmal auch ratlos dastehen. Nicht so beim folgenden Beispiel. Es handelt sich um den den ersten Psalm:[36]

5B.1. Psalm 1, 1-2

„Wohl dem, der nicht wandelt im Rat der Gottlosen noch tritt auf den Weg der Sünder noch sitzt, wo die Spötter sitzen,
sondern hat Lust am Gesetz des HERRN und sinnt über seinem Gesetz Tag und Nacht!“

Dem/ der Meditierenden liegt es zwar nahe, sofort zu fragen: „WER ist es, der nicht auf den Weg der Sünder tritt?“ Aber der Psalm selbst gibt bereits selbst die Antwort (Vers 2): „sondern hat Lust am Gesetz der HERRN und sinnt über seinem Gesetz Tag und Nacht!“ Eine Antwort lautet: Es handelt sich um einen Anhänger der israelitisch-jüdischen Religion, der über der Thora meditiert. Über ihm wird ein "Wohl dem" (*aschre*) ausgesprochen, das auch mit "Glücklich!" "Selig!" übersetzt werden könnte.

Hiezu drängt sich uns die Frage auf: Ist das nicht religiöse Enge und was bedeutet sie? Kann nicht auch ein „Wohl dem“ ausgesprochen werden über jemanden, der zwar unreligiös, aber unbescholten, moralisch korrekt und in Zuwendung zu seinen Mitmenschen lebt? Einen solchen „säkularisierten“ Menschen würde der Psalmdichter von seinem Glauben her nicht bejahen, aber wahrscheinlich auch nicht verwerfen...

Und was ist mit jemandem, der sich’s „wohl“ sein lässt, im Genuss und für den Genuss lebt? Man wird ja noch fragen dürfen! – Das hebräische Wort, *aschre*, als solches, das in der Lutherbibel mit „wohl dem“ übersetzt wird, schließt den Genussmenschen nicht aus; der folgende Satz („sondern hat Lust am Gesetz des HERRN und sinnt über seinem Gesetz Tag und Nacht!“) aber schon...

5B.2. Psalm 23, 4

„Und ob ich schon wanderte im finstern Tal, fürchte ich kein Unglück;

[36] Dieser Psalm ist als Vorwort, besser "Vorpsalm" zu allen anderen, wahrscheinlich als letzter gedichtet worden. Aber: "This psalm is more than an introduction to the Psalter; it is rather a précis of the Book of Psalms." (Mitchell Dahood: Psalms I [1965] Garden City, N Y, 1982, S. 3)

Denn du <Gott> bist bei mir, dein Stecken und Stab leiten37 mich."

Hier können wir auch wieder WER fragen, aber nicht nach einem Menschen, sondern nach Gott: WER bist du, Gott, der mich leitet? Und: Wie willst du das bewältigen, mich zu leiten?

Freilich, der gesamte Psalter handelt direkt und indirekt immer wieder von Gott; aber das darf auch uns nicht hindern, selber wieder und wieder nach Gott und seinem WER zu fragen. Wir dürfen und müssen dabei die alten und neuen polytheistischen Religionen (z. B. den Hinduismus), den Buddhismus, die Religionskritik, Atheismus und Agnostizismus, hauptsächlich den strengen Monotheimus der Juden und Muslime, naturgemäß aber auch unser Christentum berücksichtigen.

Der strenge Monotheismus, besonders das Judentum, wird mit Recht darauf hinweisen, dass vor dem obigen Psalmvers, nämlich am Anfang von Psalm 23, die Worte stehen: „Der Herr ist mein Hirte, mir wird nichts mangeln." Dies muss zweifellos monotheistisch und als ein Hinweis auf den einen Gott gelesen werden. Hier aber soll unsere Meditation einsetzen, und hier setzt sie auch beim ersten Lesen oder Beten des Psalms sofort ein: Wer ist das, dieser Hirte? Bzw.: Was wollte der Psalmdichter uns (ja: was wollte er sich selber) mit diesem Satz sagen?

Ein Hirte ist ein Mensch, der Tiere hütet. Um sich den Hirten besser verständlich zu machen, haben wir Christen uns Gott in seiner menschlichen Offenbarung, nämlich in Jesus Christus vorgestellt. Daher schreibt das Johannes-Evangelium, Kap. 10, vom guten Hirten Jesus Christus und die ersten von Jesus überlieferten bildlichen Darstellungen zeigen ihn als Hirten.

Aber, ob wir nun von Gott Jahwe oder von Christus sprechen: Der Hirte ist offensichtlich ein Bild, das von einer weitgehenden vergangenen Kulturstufe kündet, von der Kultur der Viehzüchter; und die Aufgabe des Hütens ist sodann vom Hüten der Tiere auf das von Menschen übertragen.

Mit dem Bild vom Hirten kann nur eine Beschreibung Gottes gemeint sein – die Beschreibung der Überlegenheit einer Gestalt, die sich so zu uns verhält, wie wir Menschen uns zu unseren Schafen verhielten, damals, als wir, nein: als unsere Vorfahren noch mehr Schafe züchteten und hüteten.

Und das will uns wohl das Bild sagen: Ebensowenig, wie die Schafe etwas von ihrem Hirten wissen, weil sie seine Absichten nicht kennen, da ihnen ein solches Bewusstsein wie das ihres Hirten abgeht, ebensowenig begreifen wir Gott. Wir können ihm aber, wie das die Schafe ganz von selber tun, vertrauen.

[37] Hier übersetze ich die hebräischen Konsonanten *jnchmnj* ausnahmsweise, M. Dahood folgend, mit "lead me" ("leiten mich") anstatt wie in der Lutherbibel mit "trösten mich" (Mitchell Dahood: Psalms I [1965] Garden City, N Y, 1982, S. 145 u. 147). – Abgesehen von Dahoods philologischen Argumenten passt es in einen Psalm, der von Gott als einem guten Hirten spricht, besser, dass der Stecken und Stab des Hirten *leiten* anstatt zu trösten.

Damit ist aber auch die Frage des WIE („Wie willst du <Gott> das bewältigen, mich zu leiten?“) beantwortet bzw. nicht beantwortet und verläuft ins Leere: Wir wissen es nicht und können es nicht wissen...

5B.3. Psalm 25, 17

„Die Angst meines Herzens ist groß; führe mich aus meinen Nöten!“

Hier wird der/ die Meditierende fragen: WAS ist die Angst meines Herzens? Natürlich wird nicht jeder und jede dieselbe Angst haben oder immerzu Angst haben, aber Angst wird des Öfteren vorkommen. Da erlaubt, ja erfordert die Meditation nun eine Selbstreflexion meiner, deiner Angst. Denn es ist gar nicht so sicher, was in einer gefährlichen Situation, vielleicht auch nur in einer bedrückten Stimmung, meine Angst ist. Vielleicht ist die Angst in der Realität begründet, vielleicht stellt sich aber durch Selbstbesinnung auch heraus, dass ein oberflächliches Angstgefühl auf eine tieferliegende Angst zurückgeht. Und genau das ist das Hilfreiche der Psalmenmeditation, innezuhalten und Gedanken über das eigene psychische Befinden anzustellen: z. B. über die eigenen Ängste, genauso aber auch über eigene(n) Freude(n).

Freilich könnte es beim Beten dieses Psalms, wenn ich mich nicht gründlich besinne, geschehen, dass ich über die Worte „Die Angst meines Herzens ist groß“ hinwegeile, vielleicht sogar denke: „Irgendeine Angst hat jedermann“, und rasch zum nächsten Vers eile... Habe ich wirklich keine Angst, dann soll ich nicht um jeden Preis Angst in mir erregen, sondern diesen Psalmvers bei einer später eintretenden Angst beten und meditieren.

5B.4. Psalm 51, 3

„Gott, sei mir gnädig nach deiner Güte, und tilge meine Sünden nach deiner großen Barmherzigkeit.“

Dieser Psalmvers provoziert sofort die Frage: WAS sind denn meine Sünden? – Jeder und jede von uns ist sicherlich schon des Öfteren dem Wort *Sünde* in der Bibel, besonders des Alten Testaments begegnet, das leider bisweilen auch schon von unbarmherzigen „Christen“ ausgenützt wurde, um auf unserem Sündenbewusstsein herumzutrampeln oder es überhaupt erst zu erregen.

Primär wissen wir durchaus, was mit *Sünde* gemeint ist, und es fallen uns unschwer Irrtümer, Missgriffe, Vergehen, schuldhafte Handlungen ein, die wir ungern unseren Nächsten, aber leichter Gott im Gebet bekennen können.

Man kann jedoch auch kritisch fragen: Was war im Alten Israel los? Haben die Israeliten wirklich so viele Untaten begangen, dass sie in den Psalmen so häufig von Sünden sprechen mussten? – Ihre Sünden bestanden zumeist im Abfall vom Jahweglauben, d. h. vom Monotheismus und in der Hinwendung an fremde Götter!

Oder hatten sie solche Angst vor ihrem Gott, dass sie sich stets vor ihm in den Staub werfen mussten?

Das sind freilich Fragen, die vorwiegend die Religionsgeschichte, Religionspsychologie und Theologie beantworten müssen...

Wir Meditierende sollen uns eher nach *unseren* Sünden fragen; und da können wir uns teilweise durchaus an die Alten Israeliten anschließen und an jenen Psalmdichter, der diese Zeilen gedichtet hat „Gott, sei mir gnädig nach deiner Güte, und tilge meine Sünden nach deiner großen Barmherzigkeit."

Die größte Sünde im Alten Israel war der Abfall von dem Einen Gott und die Zuwendung zu anderen Göttern. Da fragen wir uns vielleicht: Ist der Eine Gott, von dem die Psalmen reden, auch mein Gott? Oder habe ich andere Götter? Natürlich nicht solche wie damals, die Ischtar oder Baal hießen, aber vielleicht die „Götter" Geld, materielle Gegenstände, Erfolg etc. etc.?

So manche, die sich mit der Entwicklung der Religionen und deren Kritik befasst haben, vertreten die Diagnose, dass das *Geld* in der Moderne zum Gott geworden ist. Schon Martin Luther erkennt im Geld den Abgott als Konkurrenz zum biblischen Gott, und Karl Marx, selbst Atheist, spottet, dass Ware, Geld und Kapital in der Nationalökonomie zu einer neuen *Trinität* geworden seien.

So kann und muss ich mich als Meditierender fragen: Ist das Geld mein Gott? Oder, um den ganzen Sündenbegriff ins Auge zu fassen: Was habe ich in meinem Leben falsch gemacht? Wem kann und muss ich eine Schuld bekennen? Wen muss ich um Verzeihung bitten? Was kann ich eventuell gut machen? Und: Welche Sünden muss ich Gott bekennen? Muss ich mich dazu nicht einige Zeit lang selber erforschen? Zu welchem Seelsorger oder Psychiater soll ich gehen?

In der Gegenwart spricht man zwar noch häufig von Diät- und Verkehrssünden, aber in ernsthafter Weise von *Sünden* im Sinne der Bibel kaum. Und doch weiß jeder und jede von uns bei einiger Selbsterforschung, dass er/sie einiges an Fehlhandlungen, biblisch: Sünden, begangen hat. Manchmal tragen wir die Folgen unserer Sünden mit uns herum, oder – schlimmer noch: Manchmal leiden andere an den Folgen unserer Sünden.

Da könnte das Bedenken dessen, was das heißt „Gott, sei mir gnädig nach deiner Güte, und tilge meine Sünden nach deiner großen Barmherzigkeit" einiges bewirken...

5B.5. Psalm 27, 1

„Der Herr ist mein Licht und mein Heil; vor wem sollte ich mich fürchten? Der Herr ist meines Lebens Kraft; vor wem sollte mir grauen?"

Hier haben wir zwei Mal ein weiteres Fragepronomen vor uns, das Wer oder Was im Dativ: Wem? Genauer: Vor wem? – Die Frage könnte auf die Antwort führen „Vor niemandem/ vor nichts sollte ich mich fürchten", aber es handelt sich um keine gekünstelte Frage; denn lange, bevor ich den Glaubenssatz „Der Herr ist mein Licht und mein Heil" bilden kann, begleitet mich Furcht – alle von uns? – ein Leben lang? Bedrohungen des Lebens durch Waffen in Kriegszeiten, Bedrohungen durch Hunger und durch verschiedenartige Formen von Unterdrückung, die von bösen Menschen ausgeübt werden, kommen die ganze Geschichte hindurch vor. Und dann die Bedrohungen durch Krankheiten, Tod, Schicksalsschläge, ungünstige Umstände, eigenes Versagen, Unzulänglichkeit und Schwäche... Etwas davon ist wohl allen von uns schon begegnet. Menschen können sich aber auch vor Verfolgung und Verspottung und vor so manchem Anderen fürchten.

Da ermuntert uns nun dieser Psalmvers, unsere Furcht abzulegen, sie nicht so ernst zu nehmen und im besten Falle sogar hinter uns zu lassen. Er verkündet: Der Herr, Jahwe, wie ihn die Israeliten ursprünglich nannten bzw. Adonai (= der Herr), eine persönliche Macht, der göttliche Geist ist bei uns, um uns unsere Furcht zu nehmen, wenn er auch für uns unfassbar bleibt: Wir aber sind für ihn nicht „unfassbar", nicht außer seiner Reichweite. Positiv gesagt: Wir sind ganz nahe bei ihm, sodass wir seines Schutzes sicher sein können. Er ist mein Licht, wenn alles um mich finster wird. Er ist mein Heil, sodass meine körperlichen und seelischen Wunden heilen. Er ist jene Kraft, die mich Bedrohungen und Anfeindungen, Krankheit und Schwäche durchstehen lässt.

Das bedeutet nicht Sorglosigkeit oder dass wir uns der Faulheit und dem Nichtstun hingeben sollen. Es bedeutet, dass wir unseren vielleicht verschütteten Glauben aktivieren und Vertrauen zu Gott fassen sollen dort, wo es sich nahe legt und ganz leicht ist, aber auch dort, wo Furcht die einzig mögliche Haltung zu sein scheint. Eben nur scheint!

5B.6. Psalm 27, 2

„Wenn die Übeltäter an mich wollen, um mich zu verschlingen, meine Widersacher und Feinde, sollen sie selber straucheln und fallen."

Aus dem Psalmvers geht nicht hervor (auch nicht aus den folgenden Versen), WER denn die Widersacher und Feinde des Psalmbeters sind. So können wir uns ganz ohne Zwang selber in den Vers hineinversetzen und fragen, wer denn unsere/ meine Widersacher und Feinde sind, die mich verschlingen wollen. Wirklich "verschlingen"? Freilich, jeder Mensch hat Feinde; aber anhand dieses Psalmverses kann sich jeder und jede fragen: Wer ist so ein grausamen Feind, dass er mich verschlingen will?

Vielleicht hilft uns dabei die ursprüngliche Übersetzung Luthers weiter, der statt „mich zu verschlingen" schreibt „mein Fleisch zu fressen"38 und dabei genau am hebräischen Text bleibt. Ja hat es denn zur Zeit des Alten Israels Menschenfresser gegeben? Natürlich nicht; sonder dieser Ausdruck sollte wohl eine absichtlich übertriebene Wendung sein. Aber wir Heutigen können unter den fleischfressenden Feinden Bakterien oder Viren verstehen, die unsere Gesundheit unterminieren. Krankheiten gab es freilich schon im Altertum, daher verstehen die Psalmen nicht

[38] Biblia. Das ist: Die gantze Heilige Schrifft (Luthers Bibelübersetzung), Wittenberg 1545, Nachdruck, Stuttgart 1983, S. CCXCVI, Rückseite

selten unter dem Feind den größten Feind des Menschen den Tod. In Todesnot und -krankheit beten die Psalmdichter des Öfteren um Errettung.

Anschließend darf unsere Meditation den Worten „sollen sie selber straucheln und fallen“ nachsinnen! Das ist unsere Hoffnung, dass unsere Feinde oder Bedrohungen wanken, straucheln, dahinfallen. Luther hat übrigens auch hier wieder stärker übersetzt: „müssen“ statt „sollen“.

5B.7. Psalm 139, 7

"Wohin soll ich gehen vor deinem <Gottes> Geist, und wohin soll ich fliehen vor deinem Angesicht?"

Hier lesen wir schon im Psalmvers die Frage WOHIN, die aber bereits eine WO-Frage einschließt, die dieser vielleicht sogar vorgeschaltet werden muss: WO ist überhaupt meine Stätte, mein Ort, der mir gehört und von dem aus ich fliehen sollte? Sind nicht alle meine Stätten auch Stätten Gottes, die er als Schöpfer der Welt erschaffen hat und als Erhalter der Welt erhält. Ist meine Wohnung meine Stätte, das Fleckchen Erde, auf dem ich lebe, meine politische Gemeinde, meine Stadt, mein Land? Ist es die Erde, dieser letzten Endes doch winzige Ort im Weltall? Irgendeinen Ort habe ich wohl jederzeit, einen endgültigen Ort im Grabe – aber sogar der wird mit der schließlichen Auflösung des Planeten Erde kein endgültiger sein.

Aber einen Ort, der Gott nicht gegenwärtig wäre, gibt es nicht. An allen Orten ist Gott, nämlich sein Geist, ständig gegenwärtig.

5B.8. Psalm 25, 15

„Meine Augen sehen stets auf den HERRN, denn er wird meinen Fuß aus dem Netze ziehen.“

Hier kann man zweimal fragen: WIE?

a) Wie können meine Augen auf den HERRN/Jahwe sehen, der doch nach israelitischer, christlicher und islamischer Lehre unsichtbar ist? Andererseits: Könnte das „Sehen auf den HERRN“ nicht etwa bedeuten, auf irgend ein Anzeichen zu warten, das zeigt, dass letztlich bei allem doch Gott seine Hand im Spiel hat? Irgendwie muss man von Gott doch etwas bemerken. Nur Unsichtbarkeit, Unhörbarkeit, Unfühlbarkeit, Undenkbarkeit würde aus Gott ein Nichts machen! Daher muss Gott bemerkbar und damit „sichtbar“ sein. Vielleicht will aber der Satz „Meine Augen sehen stets auf den HERRN“ auch nur sagen, dass ich auf Gott achten, Gott erwarten, mein Leben im Beten, Denken und Meditieren auf Gott hin ausrichten soll...

b) Wie wird Gott „meinen Fuß aus dem Netze ziehen“? Stellen wir uns zuerst das "Netz" vor: Ein gutes Bild! Es ist vielleicht ein Schlamassel, das verwirrt und verwirrend ist, das sich deshalb wie eine Verstrickung in ein Netz anfühlt und aus dem niemand einen Ausweg sieht, ich schon gar nicht. Vielleicht lebe ich in einem politisch instabilen und/oder korrupten Land (einem „failed state“). Gibt es Hoffnung? Muss ich fliehen? Oder wird, kann mich Gott befreien? Soll ich abwarten? Bin ich auf meine eigene Beurteilung der Lage zurückgeworfen oder muss ich auf ein „wunderbares“ Eingreifen Gottes warten?

5B.9. Psalm 49, 6-7 u. 14-16

“Warum sollte ich mich fürchten in bösen Tagen, wenn mich die Missetat meiner Widersacher umgibt,

die sich verlassen auf Hab und Gut und pochen auf ihren großen Reichtum?

...

Dies ist der Weg derer, die so voll Torheit sind, und das Ende aller, denen ihr Gerede so wohl gefällt.

Sie liegen bei den Toten wie Schafe, der Tod weidet sie; aber die Frommen werden bald über sie herrschen, und ihr Trotz muss vergehen; bei den Toten müssen sie bleiben.

Aber Gott wird mich erlösen aus des Todes Gewalt; denn er nimmt mich auf.“

Ausnahmsweise schlage ich hier eine Gruppe von Psalmversen zum Meditieren vor. Die WARUM-Frage wird in diesem Psalm nämlich hin- und her-erwogen, mehrmals gestellt und beantwortet. Auch die zitierten Verse geben ja nur einen Teil der Diskussion des Psalmisten mit sich selber wieder.[39]

Ja, das ist die Frage, warum nur geht’s den Reichen gut? Sicherlich beschäftigt diese Frage arme Menschen schon seit Langem, aber in unserer Zeit und im Westen, wo sich alle das Leben *vor* dem Tod *genießen* wollen, besonders dringlich. Alle wissen, dass sie sterben müssen, aber bitte: möglichst spät und nicht davon reden und nicht darüber nachdenken (meditieren)! Weiters beruhigen wir uns mit Folgendem: Wir haben ja unsere moderne Medizin, die es nun in der Tat leistet, unser Leben mehr und mehr in die Länge zu ziehen. Und dann?

Dann, wird man sagen, sind wir alle gleich. Dass wir aber während des Lebens nicht alle gleich sind, dass den Psalmisten Widersacher umgeben, die ihn offensichtlich unterdücken, bedrohen oder sich sonstwie als Feinde zeigen, das beschäftigt ihn. Wäre es dann nicht besser, früher schon auf Hab und Gut gesetzt zu haben und wenigstens jetzt den Reichen die Hand zu lecken und sich willig ihrem Gehabe („Pochen“, V.7) unterzuordnen – also sich vor ihrer politischen Macht zu fürchten und ihre ökonomische Potenz anzuerkennen und davon zu profitieren?

Da tritt nun die Einsicht auf, die auch wir öfters aussprechen: Im Tod sind alle gleich, "das letzte Hemd hat keine Taschen" usw.

Der Psalmist vetraut aber in seiner Gegenwart und in seiner Zukunft auf die Überlegenheit Gottes über den Tod (so heißt es in Psalm 103, 4: „... der <der HERR>

[39] "The poem is marked by a subtle irony throughout, while the language is probably the most dialectical in the Psalter." (Dahood, Mitchell: Psalms I [1965], 11. printing, Garden City, NY 1982, S. 296)

erlöst dein Leben vom Verderben[40]") – aber erlöst Gott *im* Tode? – Deshalf dürfen wir jetzt meditieren über die Auferstehung, über das mögliche Bestehen der Seele abgesehen vom Leib, über das Ich, das ja nicht nur ich bin, sondern viele Milliarden Menschen, die alle ein Ich haben. Ja sogar von meinem individuellen Ich wird etwas bleiben, einige Erinnerung, wenn sie auch verblasst, einige Arbeiten, wenn sie auch als meine nicht mehr erkennbar sein werden. Wir dürfen über die Botschaft des Neuen Testaments von der Auferstehung nachdenken, über die Lehren anderer Religionen vom Leben nach dem Tode des Hinduismus, Buddhismus und die Theorien des Atheismus und Agnostizismus, obwohl das viel zu viel wäre!

Meditieren wir lieber über den letzten Satz, den ich oben angeführt habe, Psalm 49, 16. Er ist herausfordernd genug: „Gott wird mich erlösen aus des Todes Gewalt; denn er nimmt mich auf." Hierzu können wir in erster Linie WIE und WANN fragen:

WIE wird mich Gott erlösen? – Dass zur Zeit der Abfassung dieses Psalms ein Auferstehungsglaube geherrscht habe, ist möglich, aber nicht sehr wahrscheinlich. Wahrscheinlich ist daher,

Erstens: dass der Psalmdichter die Errettung aus einer aktuellen lebensbedrohenden Krankheit erhofft hat. Dann würde die *Erlösung* das Gesundwerden bedeuten. Der Psalmdichter hofft vielleicht angesichts der Tatsache, dass ihn die Ärzte schon aufgegeben haben und der Tod sozusagen seine Finger nach ihm ausstreckt. Damals – und auch bei uns vor nicht allzu langer Zeit – ist man oft im jüngeren oder mittleren Alter gestorben. Wir verfügen heute zwar über eine bessere Medizin; aber irgenwann wird auch bei uns der Arzt mit seinem Latein am Ende sein. Dann geschehen manchmal ganz unvorhergesehene Heilungen. Die dürfen wir dann dankbar als Heilungen Gottes annehmen.

Zweitens: Dass schon im 1. vorchristlichen Jahrtausend der Auferstehungsglaube im Alten Israel bekannt war, ist anzunhmen. Wir kennen Auferstehungsvorstellungen aus Ägypten, Syrien und dem Iran. Der Auferstehungsglaube ist bekanntlich auch ein Charakteristikum des christlichen Glaubens. Auch für dich und mich? Da zweifel wir mit Recht: Ein fleischlicher Leib, der gestorben ist, wird ins Grab kommen, jedoch nicht mehr zurück ins Leben. Da müssen wir uns schon einen „geistigen" Leib vorstellen. Aber reicht unsere Vorstellungskraft so weit, um daraus einen Auferstehungsglauben zu bilden?

Drittens: In den letzten Jahrzehnten wurde viel über die „Auferstehung im Tode" diskutiert.[41] Dabei können wir uns daran orientieren, was Jesus dem einen Mitgekreuzigten auf Golgatha angekündigt hat: „Wahrlich, ich sage dir: Heute wirst du mit mir im Paradiese sein." (Lukas-Evang. 23, 43) Heute heißt nicht in drei Tagen, nicht demnächst, sondern heute!

Viertens: Auferstehung könnte auch mit dem Fortbestand der Seele nach dem Tod identifiziert werden. Das wäre dann aber keine leibliche, sondern eine geistige Auferstehung, möglicher Weise gleichzusetzen mit der Erinnerung, die von

---

[40] Hebr. *schachat*, was in erster Linie "Grube" heißt, also wohl eine Rettung *vor* dem Tode meint.

[41] Siehe z. B.: Greshake, Gisbert: Naherwartung, Auferstehung, Unsterblichkeit, 5. Aufl., Freiburg i. Br./ Wien 1986

jemandem bei seinen Angehörigen und Freunden weiterbesteht. Und bleibt nicht irgend eine – wie schon gesagt – ganz geringe Spur eines jeden von uns in der Welt übrig?

Fünftens: Auferstehung könnte dasselbe wie Wiedergeburt sein. Hier ist zu unterscheiden:

a) zwischen der Wiedergeburt nach der Lehre des Neuen Testaments, worunter eine vollständige Erneuerung des Menschen zu verstehen ist, („Es sei denn, dass jemand von neuem geboren werde, so kann er das Reich Gottes nicht sehen." – Johannes-Evang. 3, 3) und:

b) der Wiedergeburt nach den Lehren des Hinduismus und Buddhismus, die nicht nur zur Wiedergeburt als menschliches, sondern auch als tierisches oder göttliches Wesen führen kann. Dass weder Hinduisten noch Buddhisten als Tiere wiedergeboren wollen werden, ist leicht zu begreifen. Die Buddhisten wollen aber überhaupt nicht wiedergeboren werden, sondern ins Nirwana eingehen und dabei alle Reste und Spuren ihrer irdischen Existenz ablegen...

Ist es nicht eigenartig, dass eine so erwartungsvoll besetzte Vorstellung wie die Auferstehung auch negativ begriffen werden kann? Wir selber können im Durchmeditieren des Satzes „Gott wird mich erlösen aus des Todes Gewalt, denn er nimmt mich auf" zu dieser positiven Auffassung gelangen die zugleich negativ ist: Meine Aufnahme bei Gott könnte mich zu einem ganz anderen, völlig unerkennbaren neuen Menschen machen. – Wenn ich immer weiterleben oder immer wieder auferstehen müsste, brauchte ich eine endgültige Erlösung von Tod (und Leben) durch Gott. Diese endgültige Erlösung drückt der Psalmist durch den Nebensatz aus: „denn er nimmt mich auf".

Nun aber: WANN wird mich Gott erlösen? Damit ich die meditative Phantasie nicht durch zu lange Ausführungen beeinflusse, setze ich nur eine kurze Antwort hierher: zu jeder Zeit. Der Tod bedroht nämlich jedes Lebewesen zu jeder Zeit. Daher benötigen wir nicht erst *dann*, sondern schon jetzt und jederzeit Erlösung!

6. Wechsel der Modi: Wirklichkeits-, Möglichkeits- und Notwendigkeitsform

Nicht etwa nur in der Psalmenmeditation, auch im Alltagsleben und im gewöhnlichen Sprechen ist uns nicht immer klar, wie sehr und wie oft wir zwischen Wirklichkeits-, Möglichkeits- und Notwendigkeitsform hin- und herwechseln und diese Abwechslungen brauchen und gebrauchen: Der Satz „Du gehst in die Stadt", heißt dann unversehens soviel wie: Du kannst (magst, möchtest, willst, darfst) in die Stadt gehen, oder: Du musst/ sollst in die Stadt gehen (und das ist oftmals wieder gleich dem Befehl: Gehe in die Stadt). Die Notwendigkeit hat eine eigene Verbform, den Imperativ (Befehl), kann aber auch durch die Modalverben müssen und sollen ausgedrückt werden.

Zur Grundbedeutung von „befehlen": Ursprünglich heißt befehlen „übergeben, überlassen, anempfehlen, anvertrauen, anheimstellen."42 Die militärischen Befehle sind zumeist automatisch oder sklavisch ausgeführt worden. Die erfordern aber stets eine Aufnahme in den Verstand des Ausführenden, der diesen Befehl dann nicht auszuführen braucht, was dann freilich Befehlsverweigerung heißt und Strafen nach sich ziehen kann. Aber die (insgesamt) wenigen Befehlsverweigerer sind zumeits richtiger mit den Befehlen umgegangen als die Befehlsautomaten...

Die Möglichkeitsform hat manchmal eigene Formen (in der Gegenwart: er spreche; in der Vergangenheit: er spräche) wird aber noch öfter mit Modalverben signalisiert: mögen, können, wollen, dürfen, also: er mag, kann, darf sprechen (in der Vergangenheit: er möchte, könnte, wollte, dürfte) – wovon man wieder das Wollen einem „Optativ", das Können einem „Potentialis" und das Dürfen einem „Permissiv" zuordnen kann.

Im Prinzip schafft das Wechseln zwischen Wirklichkeits-, Möglichkeits- und Notwendigkeitsform einen Freiraum zum Meditieren, zeigt aber auch die Grenzen des Hin- und Herwechselns auf.

6.1. Psalm 4, 9

„Ich liege und schlafe ganz mit Frieden; denn allein, du, HERR, hilfst mir, dass ich sicher wohne."

Dieser Psalmvers spricht in der Wirklichkeitsform, die die Wirklichkeit des friedlichen Liegens, Schlafens und Wohnens ausdrückt. Er ist ein Beispiel dafür, dass wir *nicht* immer zwischen den Modi hin- und herwechseln können:

Die Umformung zu: Ich *muss* bzw. *soll* ganz mit Frieden schlafen, also in die Notwendigkeitsform, würde der Zuversicht, die das Gebet ausdrückt, Zwang antun. Der Zwang, mit Frieden zu schlafen, würde den Frieden mehr stören als bewirken.

[42] Kluge, Friedrich/ Mitzka, Walter: Etymologisches Wörterbuch der deutschen Sprache, 19. Aufl, Berlin 1963, S. 59. Dort heißt es dann: "Aus *einem etwas empfehlen* 'ihm den Auftrag wozu geben' ist spät die heutige Hauptbedeutung 'gebieten' entwickelt..."

Sagte ich in der Möglichkeitsform: „Ich mag bzw. kann ganz mit Frieden schlafen", drückte dieser Satz Gleichgültigkeit oder eben nur eine bloße Möglichkeit aus. Dagegen wäre „ich will (bzw. möchte ganz mit Frieden schlafen")..." nur ein Wunsch.

Die Umformung zu: Ich darf ganz mit Frieden schlafen, kommt der Wirklichkeitsform am nächsten.

Die Stärke des Verses liegt nämlich im Glauben, mit dem er von der Sicherheit des göttlichen Schutzes berichtet, also in seiner Wirklichkeitsform. Wenn Gott mir die Sicherheit des Liegens und Schlafens gewährt, ist das Sollen, Müssen und Wollen unnotwendig...

6.2. Psalm 51, 3

„Gott, sei mir gnädig nach deiner Güte, und tilge meine Sünden nach deiner großen Barmherzigkeit."

Mit „sei" und „tilge" werden Befehlsformen verwendet, die freilich nicht autoritäre „Befehle" an Gott, sondern Bitten ausdrücken. Die Befehlsformen in den Bitten und Gebeten verwenden die Befehlsform, sind aber keine Befehle. Die "Befehle" zur Sündenvergebung sind Ausdrücke, die wohl etwas Drängendes und Dringendes haben und für die Notwendigkeit der Sündenvergebung stehen, die der Beter empfindet und ohne die er nicht mehr weiter leben wollte oder könnte. Daher wäre die Umformulierung zu "Du musst/sollst mir gnädig sein" und "Du musst/sollst meine Sünden tilgen" das Nächstliegende.

Von Sünde und Sündenvergebung ist in den Psalmen oft die Rede. "Sünde" – eine unmoderne Vorstellung! Wir können uns ihr annähern, wenn wir bedenken, wie sehr wir oft hin- und hergerissen, ja *zer*rissen sind. Zwar eine Untat gibt kaum jemand gerne zu – nicht einmal gegenüber sich selber. Aber bereits *Fehler* drücken unsere Schwäche und Zerrissenheit aus: Fehler sind oftmals ein Danebentreffen: Dies und das hätten wir richtig machen sollen, haben wir aber nicht! Letztlich geht es hierbei um unsere Identität, die wir in der Sündenvergebung von Gott erbitten, und über die wir meditieren sollen. Der/die Sündigende, der/die zu seiner/ihrer Fehlerhaftigkeit steht, hat die Chance aus der Zerrissenheit wieder in die Identität mit sich zurückzufinden.

Eine Umformung in „Du mögest/könntest/dürftest gnädig sein" und „Du mögest/könntest/dürftest meine Sünden tilgen" ist eine vorsichtige Formulierung, mit der wir uns an ein Sündenbekenntnis heranpirschen: „Du mögest/könntest/dürftest gnädig sein", drückt zwar dieselbe Bitte aus, würde aber dem Ernst der Zerrissenheit und der Dringlichkeit des Wunsches nach Sündenvergebung nicht gerecht werden.

Hingegen setzte die Umformung in die Wirklichkeitsform „du bist (gnädig)" und „du tilgst" ganz große – vielleicht zu große – Glaubensgewissheit und Sicherheit bei mir voraus, die ich in meinem Schuldbewusstsein wahrscheinlich nicht habe. Diese

Redewendungen sind aber akzeptabel, wenn der Beter/ die Beterin schon Vergebung erhalten hat.

Ganz naher der Wirklichkeitsform ist der Optativ (Modus des Wollens): "Wollest du mir gnädig sein und meine Sünden tilgen".

6.3. Psalm 62, 9

„Hoffet auf ihn allezeit, liebe Leute, schüttet euer Herz vor ihm aus; Gott ist unsere Zuversicht.“

„Hoffet“ und „schüttet“ sind Befehle. Aber schon ein Befehl ist nichts völlig Eindeutiges und darf nicht straks als militärischer Befehl gedeutet werden. Denken wir an einen solchen militärischen Befehl: Wenn wir erwarten, dass dieser wie in einem Automatismus und gleich einem Zwang ausgeführt („Befehl ist Befehl“) wird, missverstehen wir den Befehl. Automatismus kommt ihm gar nicht zu, was sich daran beweisen lässt, dass soundsoviele militärische Befehle mit oder ohne Folgen eben nicht ausgeführt wurden.

Und Befehle sind nicht immer „Notwendigkeitsformen“, wie einem selber einfällt, wenn man darüber meditiert.

Und nun: „Hoffet“! Hierbei lässt nichts an Zwang denken und ebensowenig an Automatismus. Fasst jemand Hoffnung, so erlebt er keinen Zwang, sondern atmet auf, sieht seine Situation und die Welt in einem neuen Licht. Damit ist aber kein Automatismus verbunden. Was erhofft wird, tritt auf Grund der Hoffnung keineswegs unbedingt ein. Die Hoffnung sieht, hört, fühlt nur etwas, das sie vorher übersehen, überhört, nicht gefühlt hat. Im Psalm ist das die Hilfe, die Nähe, die Zuwendung Gottes. Ganz ähnlich ist das „Schüttet euer Herz vor ihm aus“ eine Aufforderung, sich an Gott zu wenden und dabei die Nöte sprachlich zu artikulieren, zu beten.

Hiermit zur Abwandlung dieses Psalmverses in der Wirklichkeitsform: „Ihr hoffet auf ihn allezeit“ und „ihr schüttet euer Herz vor ihm aus“, spricht im Namen einer gefestigten Gemeinde von Gläubigen, die sich von nichts erschüttern lässt, allerdings durch ihre Hoffnung als solche zu erkennen gibt, dass sie weiß, Gott stehe in gewisser Distanz zu ihr; kurz: sie verfüge nicht über Gott. Eine weitere Abwandlung: „Ihr dürft auf ihn hoffen“, gibt der Hoffnung Freiheit, aber auch Unsicherheit mit auf den Weg.

In die Möglichkeitsform übertragen, können wir formulieren „Möget ihr auf ihn hoffen“ und damit ein wenig vom Imperativ abrücken. „Ihr könnt auf ihn hoffen“ rückt noch weiter vom Imperativ ab, ebenso wie „Ihr wollt auf ihn hoffen“; dadurch würde die Hoffnung in den subjektiven Akt des Wollens gestellt...

6.4. Psalm 139, 5

"Von allen Seiten umgibst du <HERR, Gott> mich und hältst deine Hand über mir."

Dies ist wohl eine der "stärksten" Aussagen in den Psalmen: Die gibt Hoffenung. Sie gibt Sicherheit: dass Gott nicht nur bei mir ist, sondern mich "umgibt", und das sogar "von allen Seiten", wobei dazu Gott noch seine "Hand über mir" hält. Setzen wir dies in die Möglichkeitsform "von allen Seiten mögest du mich umgeben", so wird uns dazu die Negation einer solchen Möglichkeit einfallen müssen: "Mögest du mich nicht von allen Seiten umgeben". Ist das möglich oder ist das unmöglich? Wenn aber möglich, dann ist wieder die Frage, welches *Bild* von Gott der Psalmist bei diesen Worten haben konnte. Bild? Das Machen von Götterbildern war aber in der israelitischen Religion bekanntlich verboten (siehe das zweite Gebot des Dekalogs: 2. Mose/ Exodus 20, 4, parallel 5. Mose/ Deuteronomium 5, 8: "Du sollst dir kein Bildnis machen in irgend einer Gestalt, weder von dem, was oben im Himmel, noch von dem, was unten auf Erden, noch von dem, was im Wassser unter der Erde ist."). Hatte der Psalmist vielleicht ein innerliches Bild, eine Vorstellung, einen Begriff für Gott? Das ist auch bezweifelbar. Am ehesten hatte er einen Namen für Gott: Jahwe, der später von Adonai = Herr verdrängt wurde, andere seltene Gottesbezeichnungen wie Eljon und Schaddai, hauptsächlich aber die hebräischen Wörter für Gott: El und Elohim. Dass der alte Name Jahwe im Laufe der Zeit überdeckt und bei den Juden nicht mehr ausgesprochen wurde, weist darauf hin, dass die Israeliten die Gefahr erkannten, aus Gott so etwas wie ein Wort-Bild zu machen. Anstatt dessen verwendeten sie daher öfters bloß das Wort der "Name" (*schem*) für Gott. "Name" steht manchmal im Parallelismus zu Jahwe (= HERR), z. B. Ps. 103, 1: "Lobe den HERRN, meine Seele, und was in mir ist, seinen heiligen Namen!"

Aber nicht ein bloßer Name umgibt mich, wenn mich Gott umgibt, sondern *das* bzw. *der* mit diesem Namen Gemeinte. Was ist überhaupt mit Namen und sodann mit dem Namen Gottes gemeint?

Menschen haben Namen, die ihr ganzes Sein und ihre ganze Person, die entsteht und vergeht, also unfassbar ist, bezeichnen. Und als ebenso wirklich, aber unfassbar wie die menschliche Person müssen wir mit den Psalmdichtern und Propheten den Namen Gottes denken und keinesfalls als bloße Lautkombination oder Wort. Darum wird der Name Gottes im Alten Israel sowohl rettend und beschützend wie auch furchtbar und überwältigend erfahren. Ps. 111, 9: "Heilig und hehr ist sein Name."[43] Wenn es anschließend im Vers 10 heißt: "Die Furcht des HERRN ist der Weisheit Anfang", so gibt der Psalmdichter zu verstehen, dass wenigstens die Weisheit nicht aus irgendeiner Harmlosigkeit entspringt.

Durch Gott und der in seinem Namen anvisierten, aber nicht sichtbaren und letztlich auch nicht endgültig definierbaren Heiligkeit und Persönlichkeit schützt uns jemand "von allen Seiten".

---

[43] Anstatt "hehr" (so Luther schon 1545) steht im Hebräischen *nora*, also "furchtbar". Warum Luther das Wort "furchtbar" vermeidet, kann ich mir nicht denken. Seine Sprache ist ansonsten doch immer sehr kräftig. Meine Vermutung: Er wollte mit "hehr" sowohl die Größe, den Glanz als auch das Überwältigende an Gott und seinem Namen ausdrücken. Die Nova Vulgata übersetzt wortgemäß: "Sanctum et terribile nomen eius."

Unsere Meditation wird uns darauf hinführen, es sei nicht unmöglich, dass Gott mich (und jede/n von uns) von allen Seiten umgibt, sondern möglich und sogar wirklich.

Anstatt der Möglichkeitsform kann man den Optativ, die Wunschform, einsetzen, die zumeist ähnlich wie die Möglichkeitsform lauten wird: "Mögest du mich umgeben", aber auch so: "Ich wünsche (bzw. will), dass du mich umgibst".

Die Notwendigkeitsform hat die Varianten "umgib mich von allen Seiten" oder "du musst (sollst) mich von allen Seiten umgeben". – Während sonst die Notwendigkeits- bzw. Befehlsform normaler Weise eine größere Intensität der Sprache als die Wirklichkeitsform ausdrückt, ist das in unserem Falle nicht so: "Du umgibst mich" spricht nämlich von einem bereits eingetretenen Zustand, den keine Bitten, Gebete und Verlangen mehr überbieten werden wollen...

Nun ist freilich noch das Folgende zu bedenken: Während dieser meditierte Psalmvers den Schutz Gottes im Auge hat, ja sich dessen sicher ist, kann "Von allen Seiten umgibst du mich und hältst deine Hand über mir" auch einen angstvollen und durch Gott bedrückten Lebenszustand beschreiben. Die Befreiung von solcher Bedrückung wäre dann ein Grund für Irreligiosität und Atheismus.

Sigmund *Freud* hat den jüdisch-christlichen Vatergott mit der psychischen "Instanz" des Über-Ichs gleichgesetzt, das er teilweise mit dem (schlechten) Gewissen gleichsetzt und das für ihn keinen – wie bei Jesus – liebenden, sondern drohenden und strafenden Vater repräsentiert. Hat Freud damit die Sphäre der Psalmen verfehlt? Keineswegs; denn gerade die Psalmen wie auch die Propheten kennen den *zornigen* Gott! Ich zitiere aus mehreren Beispielen nur Ps. 6,1: "Ach HERR, strafe mich nicht in deinem Zorn und züchtige mich nicht in deinem Grimm!"

Hier sollen und dürfen bei jedem und jeder von uns nun Reflexion und Meditation beginnen, *einerseits*, ob uns Gott zu Recht als zorniger vorkommt, weil wir gegen Gesetze, Normen und Gewissen verstoßen, oder ob uns durch unsere Erziehung ein falscher Gottesbegriff vermittelt wurde, und *andererseits*, ob wir von Gott Schutz von allen Seiten erwarten oder Zorn befürchten müssen.

An solchen wie der jetzigen Psalmstelle lässt sich also beobachten, dass durch Meditation unsere religiösen Vorurteile aufgebrochen werden, neuen Gedanken Platz machen und nach allen Seiten hin zu öffnen sind.

7. Wechsel der Zeiten: Gegenwart, Vergangenheit, Zukunft

Der Wechsel der Zeiten Gegenwart, Vergangenheit, Vorvergangenheit, Zukunft, Vorzukunft ist eine wenig komplizierte Form der Meditation, die jeweils mit dem Zeitensystem der Verben im Hebräischen verglichen werden muss. Das hebräische Zeitensystem ist nicht so genau festgelegt wie das der indoeuropäischen Sprachen. So können das hebräische Imperfekt wie auch das Perfekt je nach Kontext Gegenwart, Vergangenheit oder Zukunft ausdrücken. In der Meditation geht es freilich nicht um philologische, sondern um meditative Sachverhalte: Der Wechsel der Zeiten ergibt eigentümliche Aspekte. So kann ich z. B. beim Meditieren einen Satz, der von meiner Errettung Gottes in der Vergangenheit spricht, durch seine Versetzung in die Gegenwart gleichsam aktualisieren oder durch seine Versetzung in die Zukunft mit Hoffnung beladen. Wieder anderes gilt bei seiner Versetzung von der Zukunft in die Gegenwart: dann ist dieser Satz „aktualisiert“, hat vielleicht aber die Hoffnungsbedeutung, die er für die Zukunft aussagte, verloren. Denselben Satz kann ich aber eventuell durch seine Versetzung aus der Gegenwart in die Vergangenheit zu einem Satz des Lobes und Dankes für Gottes früheres Handeln an mir umformulieren.

7.1. Psalm 1, 6

„Der HERR kennt den Weg der Gerechten, aber der Gottlosen Weg vergeht.“

Diesen Vers kann man einigermaßen sinnvoll in allen Zeiten aussagen. Das würde auch die Intention des Psalmdichters treffen, der auf die Meinung abzielt, dass Gott (Jahwe, der HERR) allzeit gütig auf uns schaut. Auf uns? Auf die *Gerechten*, wie gesagt wird, unter denen wir uns aber nicht irgendwelche besonders herausgehobene Menschen, sondern nach hebräischem Sprachgebrauch solche vorstellen sollen, die mit Gott verbunden sind, sich auf ihn verlassen, ihm vertrauen. Woher kennen wir diesen Begriff von „Gerechten“? Aus dem Vers selber, der einen antithetischen Parallelismus membrorum darstellt: Die erste Satzhälfte ist positiv, die zweite negativ. Die positive Bezeichnung für Menschen in der ersten Satzhälfte (die Gerechten) im Gegensatz zu den Gottlosen in der zweiten bedeutet, dass der Weg der Gerechten deshalb nicht vergeht, weil sie mit Gott verbunden sind, bzw. dass sie jene sind, die den Bund mit Gott einhalten. (Vgl. Ps. 25, 10: „Die Wege des HERRN sind lauter Güte und Treue für alle, die seinen Bund und seine Gebote halten.“)

Wir können also meditieren: „Der HERR kennt/ kannte/ hatte gekannt den Weg der Gerechten bzw. wird ihn kennen/ wird ihn gekannt haben; aber der Gottlosen Weg vergeht/ verging/ war vergangen, wird vergehen/ wird vergangen sein.“

Eine solche Abwandlung in allen Zeiten ist hier zwar möglich, jedoch in anderen Fällen gar nicht sinnvoll, manchmal ergibt eine solche Abwandlung einfach nichts. Probieren Sie’s aus!

7.2. Psalm 23, 6

Gutes und Barmherzigkeit werden mir folgen mein Leben lang..."

Dieser Satz über die Zukunft drückt Hoffnung aus. Forme ich ihn für die Gegenwart „um zu: „folgen mir mein Leben lang", bin ich nicht weit vom ursprünglichen Sinn entfernt, denn ich erwarte dann ja auch, dass mir Gutes und Barmherzigkeit nicht nur einen kurzen Augenblick, sondern länger, womöglich auf immer folgen („werden"), aber ich bin mit „folgen" im Präsens doch auf mein Jetzt, meine gegenwärtige Situation fixiert. Bin ich hierbei vielleicht zu sicher? Will der Psalmvers tatsächlich etwas über die Gegenwart aussagen?
Eine Umformulierung in die Vorzukunft zu „werden mir gefolgt sein", nimmt einen Punkt meines zukünftigen Lebens in den Blick, für den ich jetzt schon eine Art Rückschau anstelle, die sich der andauernden Begleitung durch das Gute und die Barmherzigkeit bis dahin bewusst wird.
Sage ich hingegen: „sind mir gefolgt" (Vergangenheit), betrachte ich mein bisheriges Leben und kann daran einen Dank an Gott knüpfen.
Die Umformung zu „waren mir gefolgt mein Leben lang" (Vorvergangenheit) nehmen einen vergangenen Einschnitt meines Lebens in den Blick und konstatieren den Schutz Gottes bis zu einem Zeitpunkt, an dem sich etwas geändert hat, vielleicht ein Unglück vorgefallen ist, das dann aber zurückgetreten ist; vielleicht sind sogar noch bessere Lebensumstände eingetreten.

7.3. Psalm 51, 7

„Siehe, ich bin als Sünder geboren, und meine Mutter hat mich in Sünden empfangen."[44]

Alle Psalmverse über die Sünde sind heikel, dieser ist ein besonders heikler Psalmvers, da er von Augustinus, der westlichen Kirche und den Reformatoren als eine der biblischen Begründungen für die Erbsündenlehre herangezogen wurde.
Hierzu ist zu konstatieren, dass der Vers nur eine Aussage über die Vergangenheit macht (höchstens noch über die Vorvergangenheit: „Ich war als Sünder geboren worden...", was sodann für die Vergangenheit Bedeutung gehabt hätte), nicht aber über Gegenwart, Zukunft oder Vorzukunft. Diese Vergangenheit reicht für den Psalmisten freilich in die Gegenwart hinein, er spricht aber nicht als ein eben Geborener über seine gegenwärtige Sünde – das wäre absurd...
Dies eingeräumt, muss freilich über den provokanten Inhalt nachgedacht, d. h. meditiert werden. Wir erleben dann, dass Meditieren auch Ablehnen heißen kann, weil wir fragen werden: Was, ich soll schon als Sünder geboren sein? Wir können

---

[44] Der Psalmvers macht sich nicht des falschen Aufzählens einer Reihenfolge (Geburt – Empfängnis) schuldig, sondern spricht im Sinne eines Nebeneinanders (parallelismus membrorum!) von der vorausgesetzen Sündigkeit eines als Mensch Geborenen.

den Vers ablehnen; jedoch müssen wir das Ablehnenswerte zur Kenntnis nehmen, genauer erwägen!

Wie kann ich schon als Sünder *geboren* worden sein? Und noch dazu: Warum war besonders meine Mutter schuld? Dies lässt sich zwar in (meditativen) Gedanken dadurch reparieren, dass ich den Vater mit einbeziehe; aber man wird doch fragen dürfen: a) Kann jemand von Geburt an sündig sein? Und b) [das wird irgendwie nahegelegt] Ist vielleicht Sexualität etwas besonders Sündiges?

Ad a) Mit Recht gehen wir von dem juristischen und ethischen Grundsatz aus, dass jeder und jede nicht schon von Geburt an für seine/ ihre Taten verantwortlich ist, und dass es daher keine Kollektivschuld gibt. Gibt es sie wirklich nicht? Manchmal dämmert es uns doch, dass man nicht stur bei einer Ablehnung stehen bleiben kann: Gibt es nicht den kollektiven Hass von Gruppen, ja ganzen Völkern, aufeinander? Gab und gibt es nicht Rassenhass? Bei der Verfolgung und Vernichtung von Juden in Europa (Holocaust): Waren da nur einzelne Schuld, oder gab es nicht viele (in der SS und andere Nazis), die die Vernichtung organisierten? Und dann muss uns das in der Gegenwart am Häufigsten zitierte Beispiel für Kollektivschuld einfallen: die Erderwärmung bzw. der Klimawandel. Dafür haftet wohl die Menschheit insgesamt oder wenigstens die große Gruppe der industrialisierten Staaten...

Ad b) Wieder mit Recht haben sich viele Diskutanten und Autoren in der Neuzeit gegen das Schlechtmachen der Sexualität unter religiösen Vorzeichen und besonders gegen die Erbsündenlehre gewandt und Sexualität als etwas „ganz Natürliches" bezeichnet. Aber ist nicht die „ganz natürliche" Sexualität besonders bei uns Menschen im Guten wie im Schlechten stets von außergewöhnlichen Spannungen begleitet? Daher auch von Verfehlungen, die zu Recht als Verfehlungen und Missgriffe ans Tageslicht kommen? Bedenken wir daher, was in den vergangenen Jahrzehnten über den sexuellen „Missbrauch" von Kindern und Unmündigen aufgeflogen ist! (Nebenbemerkung: Gibt es einen sexuellen *Ge*brauch von Kindern?)

Zum Mindesten wird man sagen dürfen, dass Sexualität zwar eine ganz eigentümliche Dynamik besitzt, aber sicher nicht fern aller Verfehlungen existiert. Verfehlungen werden, wie wir wissen, biblisch häufig mit der Bezeichnung „Sünden" belegt.

\- - -

Zusammengefasst: 1.) Was den Wechsel der Zeiten betrifft, ist davon auszugehen, dass eine Reihe von Psalmversen nur oder hauptsächlich mit der Vergangenheit zu tun haben. 2.) Wir leben in einem beziehungsbetonten, familiären, sozialen und menscheitlichen Zusammenhang, in einem menschlichen Kollektiv. Diese Kollektivität macht uns zu Menschen, belastet uns aber auch oft; und dieser Last können wir uns nicht leicht entziehen. Der Psalmist unterzieht sich dieser Belastung, indem er sich Gott gegenüber in einen Sünden-Zusammenhang stellt. Was kann das heißen? Er ist Mensch, der mit andern zusammen falsch gehandelt, geirrt und Unrecht begangen hat. Und wir sind das auch.

7.4. Psalm 51, 9-10

“Entsündige mich mit Ysop, dass ich rein werde; wasche mich, dass ich schneeweiß werde.
Lass mich hören Freude und Wonne, dass die Gebeine fröhlich werden, die du zerschlagen hast.“

Die "Entsündigung mit Ysop", einer Pflanze, ist ein zweifelhafter Ausdruck, weil man nicht sicher weiß, ob es einen solchen Ritus im Alten Israel gegeben hat.45 Ich schlage aber diese beiden Verse zur Meditation vor, weil man in ihnen die Bitte des Psalmisten um Sündenvergebung, die er Gott vorträgt, und was er sich für einen Erfolg in der Zukunft davon erwartet, deutlich vernehmen kann.

Besonders möchte ich dabei die Aufmerksamkeit des Lesers/ der Leserin auf Vers 10 lenken, der a) im Sinne des Wechsels von Zeiten deutlich auf die Zukunft gerichtet ist, und b) die hellen Folgen der Sündenvergebung wunderbar ausmalt.

Ad a) Das Werden sowohl in Vers 9 als auch in 10 sind zwar passivisch zu verstehen, aber es ist klar, dass „die Gebeine“ des Beters erst dann „fröhlich werden (werden)“, wenn sie Freude und Wonne46 gehört haben (werden). Dass Sätze im Präsens Zukünftiges ausdrücken, ist keineswegs ungewöhnlich (z. B. auch im Deutschen: „Ich gehe jetzt einkaufen“ – mit Bezug auf eine geplante Handlung), hier aber sprechen sie von einem zukünftigen neuen Lebenszustand, der ein Aufatmen ermöglichen soll. Ein Leben ohne Sünde, ohne Belastung durch Schuld oder Schulden aus der Vergangenheit, bedeutet Erleichtert-Sein in Vergangenheit und Zukunft.

Ad b) Dass Verzeihung, Sünden- und Schuldvergebung – sowohl durch Gott als auch durch Mitmenschen – große Erleichtung, ja Freude auslösen können, ist immer wieder erfahren und berichtet worden. Sie möge jedem und jeder von uns widerfahren! Die Vergebung durch Gott kann dabei den End-, aber auch den Anfangspunkt bilden. Erfahre ich in einer Beichte, in einem seelsorgerlichen Gespräch, im Gottesdienst oder im persönlichen Gebet Vergebung durch Gott, kann ich danach sowohl mit befreitem Gewissen existieren und auch leichter von einem Mitmenschen Verzeihung erbitten, oder aber sie ihm gewähren! Die Verzeihung durch Mitmenschen sollen wir dabei nicht gering achten, denn Gott handelt durch Menschen.

---

[45] Siehe: Mitchell Dahood (Psalms II [1968] Garden City, N Y, 1981, S. 5), der deshalb die Stelle so übersetzt: "Unsin me, I'll indeed be purer than gushing water."

[46] Dahood interpretiert wohl zu recht, dass Freuden- und Wonne*gesänge* gemeint sein müssen: "songs of joy and gladness" (Mitchell Dahood: Psalms II [1968] Garden City, N Y, 1981, S. 6)

8A. Sünde bei sich und anderen

Sünde ist eines der wesentlichen Themen innerhalb der Psalmen, auf das ich schon mehrmals zu sprechen gekommen bin. Es ist unbestreitbar, dass wir Menschen immer wieder einmal daneben greifen und/oder Fehler machen. Mit Irrtümern und "Danebengreifen" fängt Sünde an und setzt sich in Bosheiten, praktischen und moralischen Verfehlungen fort.47

"Sünde" – eine unmoderne Vorstellung! Sie ist uns aber gar nicht fern, wenn wir all die Kriege, Verteilungskämpfe, Unterdrückungen, Gier, Neid etc. bedenken, die auf der Welt vorkommen, oder wenn wir selber unsere eigenen Bosheiten bedenken, ja auch, wenn wir uns darüber klar werden, wie wir selber oft hin- und hergerissen, ja zerrissen sind zwischen Güte und Bosheit, Liebe und Hass.

Und so müssen wir von vornherein zwischen jenen Psalmen unterscheiden, in denen von der Sünde anderer und der Sünde des Psalmdichters (sowie unserer eigenen) Sünde die Rede ist.

Es fallen jene Psalmen und Psalmverse auf, die von der eigenen Sünde der Betenden berichten. Nicht ganz in derselben, aber doch in ähnlicher Weise wie die Psalmen könnten, ja können wir heute von unseren Sünden sprechen. Zwar einen Fehler, eine Untat gibt kaum jemand gerne zu – nicht einmal gegenüber sich selber. Aber die Psalmen geben uns eine Reihe von Worten und Sätzen in den Mund und in den Kopf, mit denen wir unsere Sünden artikulieren können.

Schon das Vorhandensein von Fehlern und das Wissen darum drückt etwas Seltsames aus, das uns Menschen charakterisiert: unsere Zerrissenheit. Wir haben gefehlt, etwas verfehlt... Dies und das hätten wir anders machen sollen, bzw. eine andere Handlung wäre richtig gewesen. Wir haben aber das Richtige nicht getan! – Dort bin ich, der das Richtige hätte tun sollen, hier ich, der das Falsche gemacht hat. Beides bin ich.

Letztlich geht es hierbei um unsere Identität, die wir in der Sündenvergebung von Gott erbitten und über die wir meditieren sollen. Der/die Sündigende, der/die zu seiner/ihrer Fehlerhaftigkeit steht, hat die Chance, aus der Zerrissenheit wieder in die Identität mit sich zurückzufinden.

Die folgenden Psalmverse gehen auf die eigene, persönliche Sünde ein.

8A.1. Psalm 38, 2-4

Herr, strafe mich nicht in deinem Zorn und züchtige mich nicht in deinem Grimm!
Denn deine Pfeile stecken in mir, und deine Hand drückt mich.

---

[47] Die Hebräische Bibel kennt, kurz zusammengefasst, folgende Begriffe für Sünde: *raa* = Böses, *chet* = Verfehlung, *chattaa* = grobe Verfehlung, Schuld, *awon* = Schuld, absichtliche Untat, *rescha* = Gottlosigkeit, Frevel, *pescha* = Auflehnung. Im Neuen Testament ist der Hauptbegriff für Sünde griech. *hamartia.*

Es ist nichts Gesundes an meinem Leibe wegen deines Drohens und ist nichts Heiles an meinen Gebeinen wegen meiner Sünde."

Diese Zeilen werden von einem Mensch gedichtet worden sein, der schwer krank war und seine Krankheit als Einwirkung, ja Strafe Gottes empfand. Das Alte Testament kennt einen Sünde-Strafe-Zusammenhang. Darüber sind wir angeblich längst "hinweg". Aber immer noch hören wir sehr oft z. B.: "Hättest du gesünder gelebt, wärest du jetzt nicht krank." Ist das sehr viel besser?

Die Krankheit des Psalmisten (wir lesen nicht, was für eine sie ist), könnte auch plötzlich aufgetaucht ein. Und wenn Krankheiten wie aus dem Nichts auftauchen, sind wir überhaupt fassungslos. Sodann, auf den Tod zugehen, wird stets von Krankheiten, mindestens extremer Schwäche begleitet sein.... Ist es da nicht sinnvoller, eine Einwirkung Gottes auf uns zu akzeptieren, wie wir ja auch seine Einwirkung auf unsere Gesundheit angenommen – aber ihm nicht gedankt haben. Meditation über Gott muss stets ein Nachdenken über sein Wirken um und mit uns sein. Und so kann es sein, dass wir bei unserem Wohlergehen ganz auf Gott vergessen haben, geglaubt haben, dass wir Gott gar nicht brauchen, aber auch nicht erkennen, dass Gott in unseren schlechten Zeiten, z. B. in unseren Krankheiten mit uns handelt. Nichts hindert uns freilich, deswegen zu Gott zu sprechen bzw. über sein Handeln nachzudenken und ihm dieses vorzuwerfen...

So ist dann Gelegenheit, Gott wegen seiner Pfeile anzuklagen, die er auf mich schießt, zu bekennen, dass ich in Gottferne gelebt habe, und ihm zu danken, wenn er mit seinem Pfeileschießen aufhört!

8A.2. Psalm 38, 5

"Denn meine Sünden gehen über mein Haupt; wie eine schwere Last sind sie mir zu schwer geworden."

In Fortführung es oben Gesagten erfahren wir hier noch von einer Steigerung der Sündenerfahrung. Nicht nur in unserem Körper wirken sich unsere Sünden aus, sondern auch über uns. Meine Sünden gehen über mich und drücken mich nieder. Warum gehen die Sünden über mein, dein, unser Haupt?

Eine Deutung schließt an die häufige Erfahrung an, dass die Verheimlichung einer bösen Tat, einer Sünde, diese umso schwerer werden lässt. Dann "gehen die Sünden über mein Haupt". Der Psalmdichter denkt darüber nach, welche Sünden es sind, die "über sein Haupt gehen" und warum sie so schwer wiegen. Es kann aber auch sein, dass er gerade bei der Dichtung dieses Psalms an einem Wendepunkt oder Einschnitt seines Lebens steht und sich überhaupt erst seiner Fehler und Sünden bewusst wird.

Habe ich mich eine Zeit lang bzw. zu lange für "gut", erfolgreich, nicht kritisierbar gehalten, kann es sein, dass plötzlich die schiere Masse meiner Sünden "über mein Haupt" geht. – Es möge sich nur ja niemand für fehler- und sündlos halten! Zwar geht uns der Satz "nobody is perfect" leicht von den Lippen, aber es ist der Sache wert, ihn in seiner Breite und Tiefe zu meditieren – oder besser noch den zitierten Psalmvers, denn der ist deutlicher.

Freilich, je gröber oder peinlicher unsere Fehler sind, desto weniger wollen wir uns zu ihnen bekennen, oder sie gar jemand anderem mitteilen, das sollen wir aber! Das Aussprechen von Verfehlungen bringt Erleichterung. Können wir uns Gott gegenüber zu ihnen bekennen? Das ist leichter als im Gespräch mit Menschen, denn im Gebet und beim Meditieren horcht uns nur Gott und sonst niemand zu... Dadurch könnte unsere Meditation in ein Gebet übergehen. Und so spricht in der Tat der Psalmdichter in Vers 19: "So bekenne ich denn meine Missetat und sorge mich wegen meiner Sünde."

8A.3. Psalm 51, 6

"An dir <Gott> allein habe ich gesündigt und übel vor dir getan."

Es ist wohl auch ein "unmoderner" Gedanke, dass mein/dein Sündigen in Wahrheit gegen Gott gerichtet gewesen sein soll. Daher muss hier ein Versuch starten, den Sinn dieses Sündigens gegen Gott für unsere Meditation herauszupräparieren...

Artur Weiser schreibt zutreffend in seinem Kommentar: "...die Sünde wird hier, unabhängig davon, gegen wen sie gerichtet war, in dem viel weiteren Rahmen ihrer Beziehung zu Gott erkannt."[48] Dies wird jedoch von vielen Sünden gesagt werden können. Aber vielleicht ist der von Weiser gesteckte Rahmen *zu* weit oder die Beziehung zu Gott gar kein "weiter Rahmen", sondern überhaupt das Eigentliche. Wir leben täglich mit und vor Gott, nicht nur während unserer Missgriffe und Fehlhandlungen, aber auch bei denen. Dies ergibt sich aus dem ganzen Alten Testament, nicht nur aus den Psalmen.

Jeder fromme Jude betet täglich das *Schema Jisrael*: "Höre, Israel, der HERR ist unser Gott, der HERR allein. Und du sollst den HERRN, deinen Gott, lieben von ganzem Herzen, von ganzer Seele und von ganzem Gemüt." (5. Mose/ Deuteronomium 6, 4-5) Hiermit ist der jüdisch-christlich-islamische Monotheismus festgelegt. Der christliche deshalb, weil Jesus dieses Gebot als das höchste bezeichnet, als solches aufgreift und ein zweites hinzufügt: "Das andere aber ist dem gleich: Du sollst deinen Nächsten lieben wie dich selbst." (3. Mose/Leviticus 19, 18 – beides zitiert im Matthäus-Evangelium 22, 37-39, parallel: Markus-Evangelium 12, 30-31).

Das Gebot der Gottesliebe steht im Deuteronomium (= 5. Mose) dem Rang nach auf jeden Fall vor allen anderen Geboten: Vielmehr sind alle deuteronomischen Gebote eine große Auslegung des Gebotes, Jahwe zu lieben und ihm allein anzuhangen (Dt. 6,4 f.). Aber Gott, der HERR (Jahwe) hat Israel zuerst geliebt und erwählt. Und Israels Liebe ist die Erwiderung der Israel zugewandten göttlichen

---

[48] Artur Weiser: Die Psalmen, 1. Teil, 6. Aufl., Göttingen 1963, S. 272

Liebe. Daher kommt die Abwendung von Gott, dem HERRN, vor allen anderen Sünden und ist soz. die Sünde, aus der alle anderen enstehen.

Wie verhält sich dazu das Gebot der Nächstenliebe? Man sollte meinen, dass die Worte "Du sollst deinen Nächsten lieben wie dich selbst" in der Hebräischen Bibel ein breites Echo gefunden hätten. Jedoch: Der Satz „findet sich im A<lten> T<estament> nur ein einziges Mal“,[49] wie *Andreas Nissen* festhält. Freilich, in späterer Zeit gewinnt er im Juden- und Christentum immer größere Bedeutung; und auch die Christen wissen zumeist, dass er aus dem Alten Testament stammt. – Folgenreich war das Gebot der Nächstenliebe für das Neue Testament und für die gesamte christliche Ethik! Es wird nicht nur von Jesus dem Gebot der Gottesliebe gleichgesetzt, sondern auch von Paulus (Römerbrief 13, 9) als Zusammenfassung aller Gebote verstanden.

Für die Meditation kann das Folgendes heißen: Während für die Psalmen die Hinwendung auf den alleinigen Gott durch die Gottesliebe unersetzbar bleibt, ist in der meditativen Erweiterung des alttestamentlichen Monotheismus – womit man bereits den philosophischen Monotheismus in der Antike und im heutigen Indien vergleichen kann – vor allem aber des Christentums ein Ersatz durch die Nächstenliebe möglich. Die Rückfrage an den/die Nächste/n: "Habe ich gegen dich gesündigt und übel vor dir getan?" ist dann meditativ der Rückfrage an den einen Gott gleich. – Die Rückfrage an den/die Nächste/n scheint zwar nicht dasselbe Gewicht zu haben. Da ich persönlich aber Meditation nicht nur für religiöse Menschen – und darunter die Theisten – für möglich, wirklich und notwendig halte, muss die Rückfrage an den/die Nächste/n etwa für die Atheisten und Agnostiker sogar ein viel größeres Gewicht bekommen!

8A.4. Psalm 32, 1-2

"Wohl dem, welchem die Übertretungen vergeben sind, dem die Sünde bedeckt ist!"

"Wohl dem Menschen, dem der Herr die Schuld nicht zurechnet, in dessen Geist kein Trug ist!

Das häufigste hebräische Wort für Sündigen (chata) hat ein breites Bedeutungsspektrum, das von *Irren und Fehler machen* bis *Untaten begehen* reicht. Einen fehlerlosen Menschen gibt es nicht; daher gestehen wohl viele ihre Irrtümer und Fehler nach außen hin nicht ein, sie selber aber wissen wohl darum!

Es ist sicherlich schwer, anderen gegenüber seine Sünden einzugestehen, aber manchmal ist es auch "erlösend". Anderen Menschen gegenüber – Gott gegenüber? Die Vergebung durch Gott kann den End-, aber auch den Anfangspunkt bilden. Erfahre ich in einer Beichte, in einem seelsorgerlichen Gespräch, im Gottesdienst oder im persönlichen Gebet Vergebung durch Gott, kann ich danach sowohl mit

---

[49] Andreas Nissen: Gott und der Nächste im antiken Judentum. Untersuchungen zum Doppelgebot der Liebe, Tübingen 1974, S. 278

befreitem Gewissen existieren, aber auch leichter von einem Mitmenschen Verzeihung erbitten!

Die Meditation über diese Verse kann darauf hinführen, dass Verzeihung, Sünden- und Schuldvergebung große Erleichterung, ja Freude auslösen. Diese Freude möge jedem und jeder von uns widerfahren!

8B. Sünde bei anderen

Wir müssen, wie schon gesagt, zwischen jenen Psalmen unterscheiden, in denen von der Sünde anderer und der Sünde des Psalmdichters (sowie unserer eigenen) Sünde die Rede ist.

Gegenüber den Sünden anderer bitten die Psalmisten vor allem um die Hilfe Gottes. Kämpfe in Kriegen, persönliche Angriffe, schwere Krankheiten, Todesnöte sind Fälle, in denen kein Mensch mehr hilft. Alles das wird von den Psalmdichtern in den Blick genommen, wobei manchmal der Tod als mythische Gestalt und übermächtiger Feind im Hintergrund steht. Die Psalmen berichten vielfach über die Rettung durch Gott aus solchen Extremsituationen.

8B.1. Psalm 14, 1-2

"Die Toren sprechen in ihrem Herzen: 'Es ist kein Gott.'
Sie taugen nichts; ihr Treiben ist ein Greuel; da ist keiner, der Gutes tut."

Auf Hebräisch lautet der 1. Satz "Der Tor spricht in seinem Herzen". Luther und die Lutherbibel haben – mit gewissem Recht – verallgemeinert. Aber was ist "der Tor", hebräisch *nbl*, gesprochen *naval*? Das Lexikon bietet verschiedene Bedeutungen an: "Wer in irgendeinem Lebensbereich negativ dasteht, nicht gibt, nicht hilft, nicht ehrt, nichts ist, nichtig, sozial wertlos, Taugenichts, Geizhals, [Tor], Gottesleugner (die letzte Übersetzung genau auf unsere Psalmstelle bezogen)".[50]

Die hebräische Bibel bringt die moralische Verfehlung sehr oft in die Nähe der religiösen, wie ja auch der Begriff Sünde sofort an einen religiösen, den biblischen, Hintergrund denken lässt. Gemeint ist mit "Tor" also kaum ein dummer Mensch, sonder *einer, der nichts Gutes tut.*

Hier überschneidet sich die Sünde bei anderen und die bei mir: Ist es der andere, der nichts Gutes tut oder bin ich es? Stets werden wir in jeder Auseinandersetzung zuerst die Schuld den anderen zuschieben, nicht uns. Sogar, wenn wir die Schuld auf uns nehmen (unter dem biblischen Gedanken "vor Gott sind wir alle Sünder"), kann es vorkommen, dass wir das nur zum Schein tun, aber "in unserem Herzen" der Ansicht sind: In Wahrheit sind doch die anderen Schuld.

So haben wir allen Anlass zu meditieren: Wo und an wem bin ich schuldig geworden? Wann habe ich Gutes getan? Wann habe ich versäumt, das Gute zu tun?

Und weiters: Spreche ich in meinem Herzen: 'Es ist ein Gott'? Oder sage ich nur anderen gegenüber so? Ist es mir vielleicht egal, ob Gott ist?

8B.2. Psalm 38, 20

[50] Köhler, Ludwig/ Baumgartner, Walter u. a.: Hebräisches und aramäisches Lexikon zum Alten Testament, Lieferung III, Leiden 1983, S. 626 f.

"Aber meine Feinde leben und sind mächtig; die mich zu Unrecht hassen, derer sind viele."

Dass es Feinde gibt und auch solche, die zu Unrecht hassen, ist unbezweifelbar. Wir sollen und dürfen darüber meditieren, warum und wie Feindschaft und unrechtes Hassen zustande kommt. Immer wieder und ganz von selbst werden wir dabei auch uns nach unserer Sünde und unserer eigenen Bosheit befragen, aber es ist ganz legitim, auch unsere Feinde unserem Blick zu unterwerfen. Was bedeutet menschliche Bosheit? Sie unterscheidet sich ganz merkwürdig von sogenannter tierischer "Bosheit", der Aggression von Tieren gegen ihre Beute oder gegen Konkurrenten derselben Art.

Menschliche Aggression ist eben "menschlich", d. h. wir Menschen können wissen, was Bosheit ist und was wir eigentlich nicht tun sollten, aber es trotzdem tun! – Die das tun, sind jene, die "zu Unrecht hassen", nicht etwa nur spontane und zufällige Feinde, Konkurrenten, sondern absichtlich boswillige Zeitgenossen.

Freilich könnte es sein, dass sie "zu Recht hassen", und nur ich halte dieses Recht für Unrecht. Genau dazu ist dieser Psalmvers da, diesen Unterschied herauszukriegen. Bei ruhigem – meditierendem – Bedenken kann ich manchmal mein Unrecht einsehen. Aber es besteht wohl kein Zweifel daran, dass andere mich zu Unrecht hassen können, schon manchmal gehasst haben, und vielleicht in der Gegenwart hassen. Auch hier hilft das Meditieren! Ich gewinne Abstand. Der Hass der anderen wird mir klarer, vielleicht auch dessen Ursache. Wahrscheinlich hält mich die Meditation ab, sofort mit Hass zu reagieren, oder überhaupt auf Hass mit Hass zu reagieren. Es muss auch wegen des Hasses nicht unmittelbar Freundschaft zwischen meinen Feinden und mir eintreten, denn bereits Abstand und Ruhe als Antwort auf Feindschaft und Hass sind von Bedeutung...

8B.3. Psalm 109, 4-5

"Dafür, dass ich sie liebe, feinden sie mich an; ich aber bete.
Sie erweisen mir Böses für Gutes und Hass für Liebe."

Abgesehen von Feindschaft, Hass und Bosheit ist es noch einmal eine neue (höhere bzw. tiefere) Stufe der Feindschaft und Sünde, wenn mir jemand Gutes mit Bösem vergilt. Warum tut jemand so etwas? Diese Sünde bei anderen darf ich nicht verharmlosen, denn ein solches ungerechtes, liebloses und böses Verhalten kommt vor! Wie kann man darüber meditieren?

Was kann für jemanden der Grund sein, "Böses für Gutes und Hass für Liebe zu erweisen"? Es kann sein, dass er/sie meine Liebe und guten Handlungen für selbstverständlich hält, ja vielleicht sogar, dass er/sie meine Handlungen gar nicht als gut und liebevoll erkannt hat. Vielleicht – im Extremfall – sind meine liebevollen Handlungen bei ihm/ihr als lieblos angekommen...

Das Beten, zu dem der Psalmist in dieser Situation Zuflucht nimmt, kann ihm Gelegenheit nicht nur zum Nachdenken, sondern auch zu dem Entschluss verschaffen, seine Freunde herbeizurufen oder sogar ein Gespräch mit seinen Feinden zu suchen, das eine offene Auseinandersetzung werden, aber deshalb nicht in Verschlimmerung seiner Lage ausarten muss... Gott, dessen Standpunkt nach dem Psalmisten sehr von dem unsren abweicht, kann dem/der Betenden die Augen dafür öffnen, was in der Situation vor sich geht.

8B.4. Psalm 140, 2-3

"Errette mich, HERR, von den bösen Menschen; behüte mich vor den Gewalttätigen,
die Böses planen in ihrem Herzen und täglich Streit erregen."

Mir ist nicht ganz klar, wieso die moderne (von mir durchgehend verwendete) Lutherbibel (in der revidierten Fassung 1984) das hebräische Wort *milchamot* in Vers 3 mit Streit übersetzt. Dies ist nämlich der Plural von *milchama* = Krieg, und Luther hat 1545 ganz richtig mit "Krieg" übersetzt.[51] Auch der Plural "Kriege" würde passen, denn Krieg und Kriege sind die fürchterlichsten Vorkommnisse, die die Menschheit – jedenfalls seit wir ein Wissen von unserer Geschichte haben – plagen. Möglicherweise waren vor der Seßhaftwerdung der Menschen im Neolithikum (zwischen ca. 10.000 und 5.000 v. Chr.) Kriege noch nicht so "populär" (ironisch oder zynisch, aber wahr gesprochen), da die Leute in Gruppen umherzogen und noch nicht Länder kannten, die sie erobern wollten.

Angesichts der unzähligen Kriege auf allen Kontinenten würde es nichts helfen, auf die "Natürlichkeit" menschlicher Aggression hinzuweisen, wie Konrad Lorenz das tut.[52] Die maßlose Bösartigkeit der Kriege des 20. Jahrhunderts muss der Anlass dafür sein, weniger über die Humanität der Menschen, sondern mehr über die Errettung vom Bösen durch die Güte Gottes und deren Erkenntnis zu meditieren.

Kriege sind ein Zeichen dafür, dass Menschen Böses *planen*, wie der Vers 3 das sagt, ja sogar *in ihrem Herzen* planen. Dazu kann man freilich erwähnen, dass im Alten Israel und in der hebräischen Sprache mit "Herz" auch der Verstand angesprochen wird, zu Recht, wie ich meine; denn wir denken nicht nur mit unserem Gehirn, sondern mit unserem ganzen Sein. Und von dort geht *das Böse* aus, nicht die spontane aggressive Reaktion, sondern das geplante Böse, vielleicht gegen einen persönlichen Feind gerichtet, aber auch die emotionale Zustimmung großer Massen eines Volkes, wenn ihr *Führer* einen Krieg erregt, der angeblich unbedingt sein muss.

---

[51] Biblia. Das ist: Die gantze Heilige Schrifft (Luthers Bibelübersetzung), Wittenberg 1545, Nachdruck, Stuttgart 1983, S. CCCXXVII (Vorderseite); Dahood übersetzt mit "warfare" (Mitchell Dahood (Psalms III [1970] Garden City, N Y, 1981, S. 300), die Nova Vulgata mit "proelia" (Kämpfe). Gibt es *täglich* Krieg/e? Leider ja; obwohl die bösen Menschen nicht *überall* täglich Kriege erregen, jedoch täglich das böse Denken an allen Ecken und Enden der Welt befördern.

[52] Konrad Lorenz: Das sogenannte Böse. Zur Naturgeschichte der Aggression, 1974 (und mehrere Neuauflagen)

Was angeblich, aber nicht wirklich sein muss, ist in Wahrheit der mit Verstand und Emotion ausgestattete Wille zum Bösen, das "aus dem Herzen" Einzelner, aber leider ungemein vieler Einzelner emporsteigt. – Dass Gott uns "behüte vor den Gewalttätigen" (Vers 2) ist das Gebet dieses Psalms, dass *ich mich hüte* vor den Gewalttätigen, kann die Meditation bewirken!

Streit ist nun wirklich etwas Anderes als Krieg! Er kann dem Krieg nahekommen, dann gibt es wahrscheinlich nur einen kleinen Schritt zum Krieg, aber den nicht zu tun, nicht zu wollen, nicht zu provozieren, darauf kommt es an! Wir kennen die Worte *Wettstreit*, der in allen möglichen Bereichen, etwa im wirtschaftlichen, und *Wettkampf*, der im sportlichen Bereich stattfinden kann, vor allem aber gibt es den verbalen Streit zwischen Menschen, die unterschiedlicher Meinung sind und/oder unterschiedliche Ziele verfolgen. Was wäre das Leben ohne sie? Streit – sogar wenn er nicht bereinigt wird – führt sehr oft zu Fortschritten oder mindestens zu interessanten Veränderungen, die das Leben bunt machen (manchmal auch unter Einschluss der "Farben" schwarz und weiß). Aus dem Streit geht mindestens eine Seite mit Vorteilen hervor, im Krieg gibt es nur Verlierer. Ausnahmslos verlieren auch die Sieger Menschenleben und Güter...

9. Die Frage aller Fragen: Wer ist Gott?

Durch die Psalmen – das ist wohl die allgemeine Annahme im Judentum und Christentum – kommen wir Gott näher. Auch wirklich *nahe*? – Sind wir bei Gott oder ihm wenigstens nahe, nähern wir uns ihm, wenn wir die Psalmen beten oder über die Psalmen meditieren?

Wir richten uns mit den Worten der Psalmen an Gott, wenn wir sie beten; wir denken über Gott nach, wenn wir sie meditieren. Aber an wen richten wir uns da und über wen meditieren wir? Wir meditieren über Gott. Aber über wen? Wer ist er? Fragen über Fragen! Und eine weitere Frage: Kann man überhaupt versuchen zu sagen, wer Gott ist? Wird man das je sagen können? Ist er nicht unerfassbar, unerklärlich, unaussprechlich?

Augustinus hat dafür plädiert, dass man Gott gerade nicht „unaussprechlich" nennen solle: „„...nicht einmal unsausprechlich ist Gott zu nennen, denn, sagt man das, wird etwas gesagt."[53] (I,6,6) [11,14-16] Denn: Es ist schon wahr, dass Gott unaussprechlich ist; und sogar nachdem man eingesehen hat, dass das Prädikat *unaussprechlich* für Gott in die Aporie führt, nichts über Gott sagen zu wollen, doch aber zu sagen, dass Gott unaussprechlich ist – nach Augustin eine „pugna verborum"[54] (ibid.) [11,16 u.18] – wäre Schweigen in dieser Frage das Angemessenste: „Dieses Wortgefecht ist besser durch Schweigen zu übergehen, als durch Worte zu versöhnen."[55] (ibid.) [11,18f.] „Und dennoch..." (et tamen) setzt Augustinus fort – aber er sagt nicht: „Dennoch müssen wir uns anstrengen, diese Aporie aufzulösen", oder so ähnlich, sondern: „Und dennoch hat Gott, obwohl von ihm nichts seiner Würdiges gesagt werden kann, den Dienst der menschlichen Stimme zugelassen, und wollte, dass wir uns mit unseren Worten an seinem Lob erfreuen."[56] (ibid.) [11,19-21]

Dass wir uns über das Wer Gottes im Unklaren sind, hat Luther in der Auslegung des Propheten Jona von 1526 mit dem unnachahmlichen Bild ausgedrückt: Wir spielen mit Gott „blinde Kuh". Er schreibt: „Das die vernunfft nicht kan die gotheyt recht aus teylen noch recht zu eygen, dem sie alleyne geburt. Sie weys, das Gott ist. Aber wer odder wilcher es sey, der da recht Gott heyst, das weys sie nicht... Also spielt auch die vernunfft der blinden kue mit Gott und thut eytel feyl griffe und schlecht <schlägt> ymer neben hin, das sie das Gott heysst das nicht Gott ist, und widderumb nicht Gott heysst das Gott ist, wilchs sie keynes thet, wo sie nicht wuste, das Gott were, odder wuste eben, wilches odder was Gott were. Darumb plumbt sie so hereyn und gibt den namen und gottliche ehre und heysset Got, was sie dunckt

[53] Alle Zitate im Folgenden nach der Ausgabe: Augustinus/ Green, W. M. (Hg.): De doctrina Christiana, Wien 1963 (CSEL LXXX): Zuerst steht die gebräuchliche Buch- und Kapitelangabe in runden Klammern, daneben die Seiten- und Zeilenangabe nach Green in eckigen Klammern. ("... ne ineffabilis quidem dicendus est deus, quia et hoc cum dicitur, aliquid dicitur.")

[54] "ein Wortgefecht"

[55] "Quae pugna verborum silentio cavenda potius quam voce pacanda est. "

[56] "Et tamen deus, cum de illo nihil digne dici possit, admisit humanae vocis obsequium et verbis nostris in laude sua gaudere nos voluit. "

das Got sey und trifft also nymer mehr den rechten Gott sondern allewege den teuffel odder yhr eygen dunckel, den der teuffel regirt. Darumb ists gar eyn gros unterscheyd, wissen, das eyn Gott ist, und wissen, was odder wer Gott ist. Das erste weys die natur und ist ynn allen hertzen geschrieben. Das ander leret alleine der heylige geyst."[57]

Die Vernunft kennt das Dass Gottes, aber nicht das Wer. Im Spiel weiß jenes Kind, das die „blinde Kuh" spielt, dass der/ die Gesuchte eine bestimmte Person ist, kann sie aber erst nach mühevoller Suche oder gar nicht erkennen. Die Vernunft jedoch trifft nicht wie im Spiel vielleicht irgend einmal doch auf Gott, sondern „...trifft also nymer mehr den rechten Gott sondern allewege den teuffel odder yhr eygen dunckel <Dünkel>, den der teuffel regirt." Neben dem Teufel und dem Eigendünkel dürfen wir mit Luther aber auch das Geld als einen Gottesersatz vermuten, wie später auszuführen sein wird. „Dass ein Gott ist", weiß die Vernunft zwar wohl, denn das „ist in allen Herzen geschrieben." Sie kann aber leider auch den Eigendünkel, das Geld oder sogar den Teufel als Gott annehmen.

Zweimal verwendet Luther neben dem (indirekten) Fragepronomen „wer" auch „was" für die Frage nach Gott. Mit rechten Antworten auf beide Fragepronomina wäre die Frage nach dem rechten Gott beantwortet. Hier würden sich z. B. die Lutherschen Definitionen Gottes als Naturerscheinung einreihen, er sei: „ein ewiger Quellbrun, der sich mit eitel Güte übergeusset"[58], oder „...ein ewiger unvergenglicher quell, der, je mehr er ausfleusset und ubergehet, je mehr er von sich gibt, und nichts höher von uns begeret, denn das man viel und grosse ding von im bitte, und widerumb zürnet, wenn man nicht getrost bittet und fodert."[59] Vielfach (so im Großen Katechismus) ist Gott für Luther jemand, der das Gebet von uns „fordert", und das Gebet ist ein Bitten, aber da Gott unser Bitten erfüllen wird, stellt die „Forderung" eine Wohltat in Aussicht.

Oder müssen wir noch weiter zurückgehen? Die Fragepronomina Wer und Was setzten ja bereits die Existenz Gottes bzw. das Sein Gottes voraus, bzw. dass es ihn gibt.

Die Möglichkeit des Betens ist verbaut, wenn jemand meint, Gott gebe es gar nicht, ja bereits, wenn er/ sie zweifelt, ob es ihn gibt. Das ist wahrscheinlich die Situation vieler „säkularisierter" Menschen im Westen. Daher die Fragen: Ist Gott? Gibt es ihn? Existiert Gott?

Zur Antwort auf diese Frage liegt es nahe, uns auf den Diskurs der Gottesbeweise einzulassen, die ja das Sein Gottes aus der Vernunft demonstrieren. Luther hat sich wenig mit den Gottesbeweisen aufgehalten. Da er jedoch, wie vorhin zitiert, sagt: „Sie <i. e. die Vernunft> weys, das Gott ist", kann er die Gottesbeweise nicht ganz verwerfen. Luther ist diesbezüglich nicht weit von Thomas von Aquin (den er ansonsten mitsamt der Scholastik abgelehnt hat) entfernt, der schreibt: „Denn *schlechthin* ist allerdings unmittelbar einleuchtend, dass Gott ist, da das eben selbst, was Gott ist, sein Sein ist. Da wir aber gerade das, was Gott ist, mit dem Geist nicht

---

[57] WA 19, 206 f.
[58] BSELK, S. 938 (BSLK, S. 565 f.)
[59] BSELK, 1086-1088 (BSLK, S. 674)

begreifen können, bleibt es *in Bezug auf uns* unerkannt."[60] Das Dass Gottes steht für Thomas genauso fest wie für Luther; das Was für beide genauso wenig. Thomas hat dann bekanntlich in seiner «Summa theologica, prima pars, quaestio 2, articulus 3» einen Gottesbeweis auf „quinque viis" (fünf Wegen) geführt.

Bei Luther finden wir keine Gottesbeweise,[61] aber er hat das Sein Gottes wie selbstverständlich bejaht. Ich wiederhole: „Darumb ists gar eyn gros unterscheyd, wissen, das eyn Gott ist, und wissen, was odder wer Gott ist. Das erste weys die natur und ist ynn allen hertzen geschrieben. Das ander leret alleine der heylige geyst."[62] Gott IST nach Luthers Einsicht jedenfalls.

Das Was und Wer Gottes beschreibt Luther sodann in mehreren Urteilen, die Gott definieren, und zwar mitten in der Schrift „Vom Abendmahl Christi" von 1528: „Nichts ist so klein/ Gott ist noch kleiner/ Nichts ist so gros/ Gott ist noch grösser/ Nichts ist so kurtz/ Gott ist noch kürzer/ Nichts ist so lang/ Gott ist noch lenger/ Nichts ist so breit/ Gott ist noch breiter/ Nichts ist so schmal/ Gott ist noch schmeler/ vnd so fort an/ Ists ein vnaussprechlich wesen vber<über> vnd ausser allem das man nennen oder dencken kann."[63] – Hier argumentiert Luther also mit dem Komparativ und in der Kategorie Quantität: klein/ kleiner, groß/ größer. Er hätte auch modallogisch (im Hegelschen Sinne) argumentieren können: Nichts ist so möglich, Gott ist noch möglicher. Nichts ist so notwendig, Gott ist noch notwendiger. Oder begriffslogisch (wieder im Sinne Hegels): Nichts ist so subjektiv, Gott ist noch subjektiver. Nichts ist so objektiv, Gott ist noch objektiver usw. Interessant hierbei ist Luthers Komparativ: Auch wenn man etwas extrem Kleines findet, das Kleinste: Gott ist noch kleiner etc. etc.! Da heißt aber, dass man Gott gar nicht definieren, ja nicht einmal aussprechen kann. Wie gerade zitiert: „Ists ein vnaussprechlich wesen vber vnd ausser allem das man nennen oder dencken kann." Wenn Gott freilich „unaussprechlich" ist, wagt Luther dann doch wieder eine sprachlich-logische Definition, die er danach in eine sprachlich-räumliche überführt: „ vber <über> vnd ausser". Gleichwohl bleibt Luther beim Komparativ!

Luther hat auch sicherlich nichts gegen die schon zitierte Gottesdefinition von Augustinus einzuwenden gehabt: „etwas, in Vergleich zu dem nichts besser und höher ist"[64], die wahrscheinlich auch Vorbild für Anselms „ontologischen" Gottesbeweis war: „id quo maius cogitari nequit" („das, worüber hinaus nichts Größeres gedacht werden kann"). „Aliquid quo nihil sit melius", ist das Optimum, bei Augustinus „summum bonum" (auch eine Gottesdefinition) genannt, und „id

[60] Thomas von Aquin: Summae contra gentiles libri quattuor/ Summe gegen die Heiden, Albert, Karl/ Engelhardt, Paulus (Hg.), Bd. 1, Buch I, Darmstadt ^{2}1987; S. 34 f. („Nam simpliciter quidem Deum esse per se notum est: cum hoc ipsum quod Deus est, sit suum esse. Sed quia hoc ipsum quod Deus est mente concipere non possumus, remanet ignotum quoad nos.")

[61] Den „ontologischen" Gottesbeweis des Anselm von Canterbury und den kosmologischen des Thomas von Aquin muss Luther gekannt haben. Sie wurden von Kant widerlegt und von Hegel wider-widerlegt.

[62] (WA 19, 207, 11-13) [Der Prophet Jona ausgelegt, 1526]

[63] WA 26, 339 f. (ausnahmsweise zitiert nach: Luther, Martin: Werke in Auswahl, Clemen, Otto (Hg.), Bonn ^{4}1950, S. 404

[64] Augustinus: De doctrina Christiana, Green, William M., Wien 1963 (CSEL LXXX), I, 7. 7 (S. 11, 29 f.) [„aliquid quo nihil sit melius atque sublimius"].

quo maius cogitari nequit“, ist das Maximum. Dem Reformator war aber offensichtlich an dem Übersteigenden und Prozesshaften seiner Gottesdefinition gelegen.

Hierbei ist auch an Augustins Sätze, die er im Gebet an Gott richtet, zu erinnern: „Tu autem eras interior intimo meo et superior summo meo.“ (Augustinus: Confessiones III, 6, 11 [„Du aber warst noch innerer als mein Innerstes und noch höher als mein Höchstes.“]) Gott ist – im Komparativ – „innerer und höher“, also nie völlig zu erfassen! Aber, ich habe schon darauf hingewiesen, das „nie völlig zu Erfassende“ wäre wieder eine Bestimmung Gottes. Niemand „entkommt“ also einer Gottesdefinition: Sogar der Atheist weiß, wer der Gott ist, der nach seiner Meinung nicht ist, und der Agnostiker weiß zwar nichts (!) über Gott zu sagen – also doch etwas, nämlich nichts, und er weiß, welchen Gott er nicht kennt...

Die Mystiker haben jedoch bereits lange vor den Atheisten und Agnostikern mit Gott und dem Nichts experimentiert. So etwa Angelus Silesius (Johannes Scheffler) in dem Spruch:

„Die zarte Gottheit ist ein nichts und übernichts:
Wer nichts in allem sicht/ Mensch glaube/ dieser sichts.“[65]

Der Mystiker weiß also, dass Gott ein Nichts und Übernichts ist...

Hilft vielleicht das Schweigen über Gott dazu, den nie völlig zu Erfassenden zu erfassen? Das „beredte Schweigen“ (z. B. des Mystikers, der Mystikerin) hilft jedenfalls nicht, ihn zu erfassen, denn es weiß ja, wovon es schweigt; nur das Schweigen einer Person, die die Sprache weder versteht noch spricht, würde von Gott schweigen können, denn sie weiß deshalb nichts von Gott, weil sie ja auch sonst nichts weiß.

Wer reden oder hören kann oder meditiert, dem/der bleibt die Konfrontation mit Gottesbeweisen nicht erspart.

9.1. Ein Gottesbeweis (R. Spaemann)

Weil die meisten Gottesbeweise schon des Öfteren abgehandelt wurden, der Gottesbeweis von *Robert Spaemann* aber nicht, setze ich ein kurzes Referat seines „letzten Gottesbeweises“ hierher:

In „Der letzte Gottesbeweis“ sagt Spaemann u. a.: „Schöpfung ist kein Ereignis, auf das wir im Studium der Geschichte des Kosmos einmal stoßen werden. ‚Schöpfung‘ bezeichnet das Verhältnis des ganzen Weltprozesses zu seinem außerweltlichen Ursprung, dem göttlichen Willen.“[66] Und: „Von den Wissenschaften wurde bisher kein einziges ernsthaftes Argument gegen das Gerücht von Gott[67] vorgebracht, sondern nur von den sogenannten wissenschaftlichen

---

[65] Scheffler, Johannes (Angelus Silesius), Gnädiger, Luise (Hg.): Cherubinischer Wandersmann, Stuttgart 1985, S. 43 – Dieser Spruch trägt die Nummer 111 und den Titel „Die Gottheit ist ein nichts.“ Ich verstehe "Gottheit" bei Angelus Silesius trinitätstheologisch als die *essentia*, in der die drei göttlichen Personen (*personae*) verbunden sind.

[66] Spaemann, Robert/ Schönberger, Rolf: Der letzte Gottesbeweis, München 2007, S. 10

[67] Zu dieser Wortprägung siehe das Buch: Spaemann, Robert: Das unsterbliche Gerücht. Die Frage nach Gott und die Täuschung der Moderne, Stuttgart ^{4}2007

Weltanschauungen, dem Szientismus, also dem, was Wittgenstein den Aberglauben der Moderne genannt hat. Die neuzeitliche Wissenschaft ist Bedingungsforschung. Sie fragt nicht, was etwas ist und warum es ist, sondern sie fragt, was die Bedingungen seines Entstehens sind."[68] – Dem nachfolgenden Gottesbeweis Spaemanns möchte ich mich anschließen, aber den gerade angeführten einleitenden Bemerkungen nur mit Vorbehalt, denn 1.) den modernen Naturwissenschaften darf man nicht so einfach das Feld überlassen und muss der Theologie, Philosophie und insbesondere der Religionsphilosophie auch den Titel „Wissenschaft" zubilligen. Theologie und Religionsphilosophie haben schon bisher mehr getan als ein „Gerücht von Gott" zu verbreiten, und sie haben sich auch mit dem Vorwurf auseinandergesetzt, eben nur ein solches „Gerücht" verbreitet zu haben. 2.) Spaemann würdigt nicht, dass Philosophen wie Feuerbach, Marx und Nietzsche, sowie Psychologen wie Freud und Fromm, und weiters neuerdings Zoologen wie Dawkins ganz ernsthaft und mit ausgreifenden Argumenten für den Atheismus Stellung beziehen. Auch diesen Autoren ist die Wissenschaftlichkeit nicht abzusprechen.

Für seine Ansicht, dass Gott von den modernen Wissenschaften nicht widerlegt worden sei, ja gar nicht widerlegt werden könne, dürfte Spaemann Immanuel Kant als Zeugen anführen. Kant schreibt nämlich: „Das höchste Wesen bleibt also für den bloß spekulativen Gebrauch der Vernunft ein bloßes, aber doch fehlerfreies Ideal, ein Begriff, welcher die ganze menschliche Erkenntnis schließt und krönet, dessen objektive Realität auf diesem Wege zwar nicht bewiesen, aber auch nicht widerlegt werden kann..." [69] (Den erste Teil dieses Zitates wird Spaemann gleich verwenden; siehe den übernächsten Absatz.)

Daraus schließt er: „Die Alternative lautet also nicht: wissenschaftliche Erklärbarkeit der Welt oder Gottesglaube, sondern nur so: Verzicht auf Verstehen der Welt, Resignation der Vernunft oder Gottesglaube."[70]

Auf die Thematik der Gottesbeweise kommt Spaemann mit folgenden Sätzen zu sprechen: „Die Frage aber bleibt: haben wir Grund anzunehmen, dass dem, was wir meinen, wenn wir ‚Gott' sagen, etwas in der Realität entspricht? Wir haben, wie Kant sagt, ein ‚fehlerfreies Ideal' von diesem höchsten Wesen, einen ‚Begriff, welcher die ganze menschliche Erfahrung schließet und krönet'. Aber welchen Grund haben wir zu glauben, dass diesem Begriff, wie wiederum Kant sagt, ‚objektive Realität' zukommt?"[71] Nun, Spaemann ist ungenau: Dass dem Begriff „Gott" objektive Realität zukomme, sagt Kant nicht, wie aus dem bereits angeführten Zitat hervorgeht, vielmehr sagt Kant vom Begriff „Gott", dass „dessen objektive Realität auf diesem Wege zwar nicht bewiesen, aber auch nicht widerlegt werden kann..." Insofern die objektive Realität Gottes aber auch nicht widerlegt werden könne, ergibt sich tatsächlich die Möglichkeit des Glaubens, nach dessen

[68] Spaemann, Robert/ Schönberger, Rolf: Der letzte Gottesbeweis, München 2007, S. 11 f.

[69] Kant, Immanuel: Kritik der reinen Vernunft, B 669 = Weischedel, Wilhelm (Hg.): Immanuel Kant: Werke, Bd. 3, Darmstadt ^{3}1968, S. 563

[70] Spaemann, Robert/ Schönberger, Rolf: Der letzte Gottesbeweis, München 2007, S. 12

[71] A.a.O., S. 19 f.

Grund Spaemann hier fragt. Andererseits benötigt der Glaube aber auch einen Grund, denn ein grundloser Glaube würde ehebaldig ins Grundlose abstürzen. Und das ist ja die Aufgabe der Gottesbeweise: Gründe dafür bereitzustellen, was man glaubt. Dies hat z. B. ein Anselm mit den Worten ausgesprochen: "Deshalb, Herr, der du die Glaubenseinsicht gibst, gib mir, dass ich, soweit du es förderlich weißt, einsehe, dass du bist, wie wir glauben, und das bist, was wir glauben."[72]

Spaemann beschreibt mit seinem Rückgriff auf Kant die bekannte religiöse Situation nach der Aufklärung, auf die er dann auch mit seinem „letzten Gottesbeweis" eingehen wird: Vor der Aufklärung wird kaum jemand die objektive Realität von Gott (oder von Göttern) bezweifelt haben, nach der Aufklärung aber sehr wohl, sodass neue Gottesbeweise sich anstrengen, Gott aus den Bedingungen des Subjekts zu beweisen: Kant etwa aus der „Idee Gottes" der subjektiven Vernunft (wozu schon Descartes mit seiner Entwicklung eines Gottesbeweises aus der *idea Dei* Vorarbeit geleistet hat) und Hegel aus der Reflexion des Selbstbewusstseins.

Spaemann knüpft nun an die aktuelle Debatte *Evolution kontra Schöpfung* an, womit er sich in den Diskurs über die Objektivität des Schöpfers einlässt, und schreibt: „Zunächst muss man sagen, dass die evolutionäre Sicht des Universums den Gottesglauben begünstigt."[73] Warum? „Eine plötzliche grundlose Entstehung einer Welt aus nichts denken zu müssen, enthält eine Zumutung an die Vernunft, die alle anderen Zumutungen in den Schatten stellt. Ebenso aber auch die Zumutung, eine unbeabsichtigte Entstehung von Leben, von Trieb, von Innerlichkeit und von Selbstbewusstsein als Resultat materieller Prozesse zu denken, als Resultat zufälliger Mutationen und der Selektion des Überlebensdienlichen."[74]

Was ist wahr? Die „plötzliche grundlose Entstehung einer Welt aus nichts" oder die Entstehung durch den Schöpfungsakt Gottes? Oder ist vielleicht die Wahrheitsfrage in diesem Kontext gar nicht zu stellen, genügt es, wenn die Schöpfung durch Gott *wahrscheinlicher* gemacht wird als ein grundloses Entstehen, wie man mit *Alvin Plantinga*[75] und *Richard Swinburne*[76] argumentieren müsste? Aber auch dann kommt man um die Wahrheitsfrage nicht herum: Das Wahrscheinliche ist nämlich eine Annäherung an das Wahre und damit eine Annäherung an die Wahrheit. Kennt man keine Wahrheit, ist auch die Annäherung an die Wahrheit illusorisch.

Es gibt aber eine philosophische Position, die sogar die Frage nach der Wahrheit ablehnt; sie wurde von *Friedrich Nietzsche* eingenommen, mit dem sich Spaemann sodann auseinandersetzt: „Was Nietzsche prinzipiell in Frage stellte, war die Wahrheitsfähigkeit der Vernunft und damit der Gedanke von so etwas wie Wahrheit

---

[72]Anselm von Canterbury/ Schmitt, F. S. (Hg.): Proslogion, S. 84/ 85 ("Ergo Domine, qui das fidei intellectum, da mihi, ut, quantum scis expedire, intelligam, quia es sicut credimus, et hoc es quod credimus.")

[73] Spaemann, Robert/ Schönberger, Rolf: Der letzte Gottesbeweis, München 2007, S. 22

[74] A.a.O., S. 23

[75] Plantinga, Alvin/ Tooley, Michael: Knowledge of God, New York, NY, 2009

[76] Swinburne Richard: The existence of God, Oxford u. a. 2004

überhaupt.“[77] Und: „Nietzsche spricht vom Glauben Platons, der auch der Glaube der Christen ist, dem Glauben, dass Gott die Wahrheit, dass die Wahrheit göttlich ist.“[78] –Augustinus hat in seinem Dialog „De libero arbitrio“ so etwas wie einen Gottesbeweis aus dem Begriff der Wahrheit geführt, in dem er zu dem Ergebnis kommt: "Wenn es nämlich etwas Hervorragenderes <als die Wahrheit> gibt, dann ist das Gott, wenn aber nicht, ist die Wahrheit selbst Gott. Ob es dies also gibt oder nicht: dass Gott existiert, wirst du nicht leugnen können."[79] (lib. arb. II, 15, 39)

Kann die Aufklärung, kann das Denken auf Wahrheit verzichten? Letztlich nicht, wie Spaemann betont: „Ja sogar die These, es gebe keine Wahrheit, setzt Wahrheit zumindest für diese These voraus.“[80] Nietzsche scheute bekanntlich auch vor derartigen Widersprüchen nicht zurück: „Wenn die Aufklärung ihr Werk getan hat, schafft sie sich selbst ab, denn, so schreibt Nietzsche, ‚auch wir Aufklärer, wir freien Geister des 19. Jahrhunderts leben noch von dem Christenglauben, der auch der Glaube Platons war, dass Gott die Wahrheit, dass die Wahrheit göttlich ist’.“[81] In der Tat wird es im Interesse Nietzsches gelegen haben, den Glauben Platons, den Christenglauben und die Aufklärung in einem abzuschaffen. Dazu Spaemann: „Wenn die Aufklärung sich selbst abgeschafft hat, heißt das Resultat Nihilismus. Dieser aber schafft nach Nietzsches Sicht den notwendigen Freiraum für einen neuen Mythos. Aber auch das kann man natürlich im Grunde nicht sagen, da man Wahres überhaupt nicht sagen kann.“[82]

Freilich ist die Ansicht, dass „man Wahres überhaupt nicht sagen“ könne, für Spaemann nur die fehlgeleitete Meinung Nietzsches, aus der der Religionsphilosoph im Umkehrschluss eine entscheidende Einsicht gewinnt, nämlich „die Einsicht in den inneren und untrennbaren Zusammenhang des Glaubens an die Existenz Gottes mit dem Gedanken der Wahrheit und der Wahrheitsfähigkeit des Menschen.“[83]

Müsste man nun den Gottesbeweis aus der Wahrheit bei Augustinus objektivistisch nennen (und sein Autor hat ihn zweifellos so verstanden)[84], so schwenkt Spaemann anschließend auf die moderne, sprich: die subjektivistische Linie der Gottesbeweise, nämlich auf das kollektive menschliche Subjekt, genannt Wir, ein: „Wir wissen nicht, wer wir sind, ehe wir wissen, wer Gott ist, aber wir können nicht von Gott wissen, wenn wir die Spur Gottes nicht wahrnehmen wollen, die wir selbst sind, wir als Personen, als endliche, aber freie und wahrheitsfähige

---

77 Spaemann, Robert/ Schönberger, Rolf: Der letzte Gottesbeweis, München 2007, S. 27 (Keine Stellenangabe zu Nietzsche)

78 Ebd. (Keine Stellenangabe zu Nietzsche)

79 Augustinus/ Green, William M. (Hg.): De libero arbitrio libri tres, Turnhout 1970 (CCSL XXIX) II, 15, 39, ("Si enim est aliquid excellentius, ille potius deus est; si autem non est, iam ipsa veritas deus est. Sive ergo illud sit sive non sit, deum tamen esse negare non poteris. ")

80 Spaemann, Robert/ Schönberger, Rolf: Der letzte Gottesbeweis, München 2007, S. 28

81 Ebd. (Keine Stellenangabe des Nietzschezitats)

82 Ebd.

83 Ebd.

84 Eventuell kann man gegen die Objektivität des Gottesbeweises Augustins argumentieren, es sei das Subjekt Mensch, das Gott aus dem Begriff der Wahrheit demonstriere, aber das gälte dann für alle Gottesbeweise!

Wesen."[85] Und noch deutlicher: „Die Spur Gottes in der Welt, von der wir heute ausgehen müssen, ist der Mensch, sind wir selbst."[86]

Darauf folgt nun ein Gottesbeweis, der seinen Ausgangspunkt beim menschlichen Bewusstsein, seinem Denken, nimmt. Spaemann nennt ihn aber „Gottesbeweis aus der Grammatik, genauer aus dem sogenannten Futurum exactum."[87] Dies muss ich nun ausführlich zitieren:

„Das Futurum exactum, das zweite Futur ist für uns denknotwendig mit dem Präsens verbunden. Von etwas sagen, es sei jetzt, ist gleichbedeuted damit, zu sagen, es sei in Zukunft gewesen. In diesem Sinne ist jede Wahrheit ewig. Dass am Abend des 12. Oktober 2006 zahlreiche Menschen in der Katholischen Akademie in München zu einem Vortrag über ‚Rationalität und Gottesglaube' versammelt waren, war nicht nur an jenem Abend wahr, das ist immer wahr. Wenn wir heute hier sind, werden wir morgen hier gewesen sein. Das Gegenwärtige bleibt als Vergangenheit des künftig Gegenwärtigen immer wirklich. Aber von welcher Art ist diese Wirklichkeit? Man könnte sagen: in den Spuren, die sie durch ihre kausale Einwirkung hinterlässt. Aber diese Spuren werden schwächer und schwächer. Und Spuren sind sie nur, solange das, was sie hinterlassen hat, als es selbst erinnert wird."[88]

Nun: Die Erinnerung ist das Gedächtnis von *Menschen*. Jedoch: „... irgendwann wird es keine Menschen mehr auf der Erde geben. Schließlich wird die Erde selbst verschwinden. Da zur Vergangenheit immer eine Gegenwart gehört, deren Vergangenheit sie ist, müssten wir also sagen: Mit der bewussten Gegenwart – und Gegenwart ist immer nur als bewusste Gegenwart zu verstehen – verschwindet auch die Vergangenheit, und das Futurum exactum verliert seinen Sinn. Aber genau dies können wir nicht denken. Der Satz ‚In ferner Zukunft wird es nicht mehr wahr sein, dass wir heute Abend hier zusammen waren' ist Unsinn. Er lässt sich nicht denken."[89]

An der Formulierung „wir können es nicht denken" erweist sich Spaemann als moderner Interpret des Gott-Beweisens, da er von der menschlichen Subjektivität ausgeht. Nicht die Objektivität des Vorhandenseins von Bewegung (Thomas), die Existenz von natürlichen Gegenständen (ebenfalls Thomas) oder die Objektivität des Seins (Anselm) bilden die Grundlage seines Beweises, sondern das, was wir als Menschen denken können, sprich: was der Mensch als allgemeines Subjekt denken kann. Dagegen ist der Einwand möglich: Vielleicht lässt sich das alles denken; aber könnten nicht gleichwohl mit den Menschen und der Erde Gegenwart, Vergangenheit, Zukunft und Vorzukunft verschwinden? Offensichtlich nicht, so lange es das Weltall gibt. Aber lässt sich nicht auch dieses wegdenken, sodass wir bei nichts ankommen? Zweifellos. Aber dann *wird* das Weltall und mit ihm die

---

[85] Spaemann, Robert/ Schönberger, Rolf: Der letzte Gottesbeweis, München 2007, S. 29
[86] Ebd.
[87] A.a.O., S. 31
[88] Ebd.
[89] A.a.O., S. 32

Zeiten, die Erde und der Mensch mit allem Drum und Dran mindestens *gewesen sein* (Futurum exactum). Und das ist der Nerv der Spaemannschen Argumentation!

Was folgt hieraus? – „Wir müssen ein Bewusstsein denken, in dem alles, was geschieht, aufgehoben ist, ein absolutes Bewusstsein. Kein Wort wird einmal ungesprochen sein, kein Schmerz unerlitten, keine Freude unerlebt. Geschehenes kann verziehen, es kann nicht ungeschehen gemacht werden. Wenn es Wirklichkeit gibt, dann ist das Futurum exactum unausweichlich und mit ihm das Postulat des wirklichen Gottes."[90]

9.2. Psalm 2, 4

„Aber der im Himmel wohnt, lachet ihrer, und der Herr spottet ihrer."

In diesem Vers haben wir ein *ganz gewöhnliches* Gottes*bild* vor uns: Gott „wohnt" oben, im Himmel, wir wohnen unten. Worüber er lacht, das sind die „Könige der Erde" und die „Herren", von denen in Vers 3 die Rede war. Auch über diesen wie über uns und über allen wohnt und thront Gott und – er lacht.

Wir westlich-aufgeklärte Menschen können wenig damit anfangen. Wir fragen: Was für ein Himmel ist gemeint? Wie kann Gott dort wohnen? Warum ist Gott so erhaben? (Insgeheim fühlen *wir* uns *erhaben* über ein solches Gottesbild...) – Was aber, wenn dieses Gottesbild – vielleicht nicht als „Bild", sondern als Wort, als Begriff oder in irgendeiner anderen Weise – stimmt? Etwa: Wenn nicht Gott voraussetzt, dass es einen Himmel gibt, wo er wohnen kann, sondern wenn der Himmel (heaven, not sky) voraussetzt, dass Gott ist. Und was, wenn man das Sein Gottes im Buch der Psalmen gar nicht besser ausdrücken konnte als dieser Vers, und wenn auch wir das Verhältnis Gott – Mensch nicht viel besser ausdrücken können? Dass er uns, den gewöhnlichen Menschen, ja sogar und insbesondere den Königen und Herren überlegen ist. Bedenken wir auch, dass in unserer Gegenwart Millionen von Menschen in traditioneller Weise Gott verehren und *ganz gewöhnlich*, nämlich wie der Psalmdichter von ihm denken.

Auf jeden Fall wird richtig sein, dass wir uns über den Psalmvers und über Gott Gedanken machen; vielleicht ein besseres Bild als der Psalmdichter zu finden, vielleicht einen abstrakten Begriff, vielleicht einen konkreteren, vielleicht einen Erfahrungseindruck *von* Gott, vielleicht einen Gemüts-Ausdruck *für* Gott, vielleicht eine Melodie für Gott (damit wären wir dann den Psalmen, die zumeist gesungen wurden, besonders nahe...)

„Lacht" Gott über die Könige und Herren? Durch das parallele Wort „spotten" müssen wir denken, dass ein spottendes Lachen gemeint ist, kein amüsiertes – wenn vielleicht Gott auch manchmal belustigt darüber sein könnte, was wir alles ernst nehmen, das doch gar nicht ernst ist...

9.3. Psalm 33, 6

---

[90] Ebd.

„Der Himmel ist durch das Wort des Herrn gemacht und all sein Heer durch den Hauch seines Mundes.“

Die Psalmen sprechen (d. h. singen ursprünglich) viel von Gott, dem Helfer, dem Erlöser, dem Richter, dem Strafenden, dem Verzeihenden, aber doch sehr oft auch von Gott dem Schöpfer. An den Schöpfer werden auch viele von uns, wenn nicht alle, denken, die an den einen Gott glauben. Jedoch, wir dürfen, müssen fragen: Hat wirklich Gott das Universum und damit die Welt des Psalmdichters geschaffen? Ist das Universum nicht vielmehr durch den *Urknall* entstanden, wie das gegenwärtig herrschende physikalische Weltbild behauptet?

Ich rege an, dass sich die Gläubigen skeptisch dagegen, aber nicht strikt ablehnend verhalten sollten. Dieses moderne Weltbild mag viel Wahrheit in sich bergen, aber man findet in der Geschichte und in den verschiedenen Kulturen unserer Geschichte schon so viele unterschiedliche Darstellungen über die Weltentstehung, dass ich zu behaupten wage, es wird in Zukunft noch einige andere geben. Gerade die durch das moderne Wissen erweiterte Erkenntnis über die Größe des Kosmos und über die diffizile Feinstruktur des Mikrokosmos muss uns (und müsste auch die modernen Wissenschaftler) davor warnen, den Mund allzu groß aufzutun...

Aber ist es denn nicht naiv zu sagen „Der Himmel ist durch das Wort des HERRN gemacht...“? Das könnte man ruhig zugeben. Hingegen: Sind die modernen Kosmologen nicht in ihrer Weise auch naiv, wenn sie uns lehren, aus einer „Singularität“ (aus einem Punkt) mit der Ausdehnung Null sei das gesamte Weltall hervorgegangen? – Diese Theorie möge weiterhin vertreten werden, warum nicht? Aber ist sie irgendwie einsichtiger oder einleuchtender als der Glaube an einen Schöpfer? Mitnichten!

Der große Gelehrte Galileo Galilei (1564-1642) vertrat die Ansicht: „Das Buch der Natur ist in der Sprache der Mathematik geschrieben.“[91] Aber was ist die Mathematik? – reine Erfindung des Menschen. In der gesamten Natur gibt es nirgendwo eine Ziffer, ein Ist-gleich-Zeichen oder Ähnliches. Die Mathematik ist sehr diffizil und vielfältig, aber die Wortsprache ist noch vielfältiger (sie enthält nämlich auch die Mathematik).

Und da sagt nun unser Psalmvers, dass der Himmel „durch das Wort des HERRN“ gemacht sei, also auf sprachliche Weise. *Dabar* („Wort“ auf Hebräisch) bedeutet ebensowenig wie *Logos* auf Griechisch nur ein einzelnes Wort, sondern u. U. einen Satz, auf jeden Fall aber eine sprachliche Tätigkeit. Und nun soll der Himmel, ja überhaupt alles durch Gottes Wort entstanden sein? Denn wir lesen im selben Psalm 33, Vers 9: „Wenn er spricht, so geschieht's; wenn er gebietet, so steht's da.“ Durch ein göttliches Wort, in welcher Sprache, in göttlicher? In menschlicher Sprache? Denn glaubt jemand, Gott spreche Hebräisch, Griechisch oder sonst eine

[91] https://de.wikipedia.org/wiki/Galileo_Galilei (gelesen am 02.06.2018)

menschliche Sprache – oder gerade umgekehrt: Er spreche eine dieser Sprachen nicht? Also in welcher?

Das ist das Problem: Beruhe die Schöpfung Gottes noch so sehr auf seinem Wort – in welcher Sprache es gesprochen ist, können wir nicht wissen. Ja, ist es überhaupt ein Wort, der sprachliche Befehl in irgendeiner Sprache? Man muss das göttliche Reden doch sicherlich völlig anders auffassen als das menschliche. Aber wie?

Am ehesten ist zu sagen: Das göttliche Reden wird nicht menschlicher Rede gleich, sondern ihr nur vergleichbar sein, nämlich, warum nicht, auch mit menschlicher Mathematik, aber ebenso mit menschlicher Malerei, Musik und Literatur, also mit menschlicher *Kreativität.* Menschliche Kreativität, lateinisch von creare=schaffen, creatio=Schöpfung kann uns die Schöpfung Gottes nachvollziehen lassen, ja uns sogar mit Gott in Beziehung setzen. In der Kunst und seit einiger Zeit in allen Lebensbereichen ist Kreativität gefragt und ebenso im Gestalten unserer Lebenswelt!

Interessant ist übrigens, dass Luther im Original übersetzt: „Der Him<m>el ist durchs Wort des HERRN gemacht und all sein Heer durch den *Geist* seines Mundes“,[92] nicht „durch den *Hauch* seines Mundes“, wie die revidierte Lutherbibel von 1984 schreibt! Hebräisch findet sich an dieser Stelle das Wort *ruach*, das sowohl mit Geist als auch mit Wind oder Hauch übersetzt werden kann; jedoch lenkt die Übersetzung „Geist“ besser auf das Gemeinte hin, nämlich auf eine nicht-materielle Tätigkeit und Bewegung, die bei uns Menschen sowohl wie bei Gott als Kreativität auftritt...

9.4. Psalm 103, 8

„Barmherzig und gnädig ist der HERR, geduldig und von großer Güte.“

Das ist nicht mehr das Bild eines überlegen lachenden und spottenden Gottes von Psalm 2, 4. Gottes Überlegenheit erkennt der Psalmdichter vielmehr an der Größe seiner Güte. Wir haben hier den einfachen Parallelismus membrorum vor uns, den wir schon kennen. Sogar die beiden Eigenschaftsbezeichnungen Gottes sind parallel: barmherzig/ geduldig – gnädig/ große Güte.

Aber was sind nun die Eigenschaften Gottes, des HERRN (Bezeichnung für „Jahwe“)? – Sollten die Fragen gelöst sein, ob, wer und wie Gott *ist* – was sie natürlich nicht sind, sondern immer wieder neu gestellt und beantwortet werden müssen – dann darf oder soll zusätzlich meditativ gefragt werden: Ist Gott wirklich *barmherzig, gnädig, geduldig, gütig*?

---

92 Biblia. Das ist: Die gantze Heilige Schrifft (Luthers Bibelübersetzung), Wittenberg 1545, Nachdruck, Stuttgart 1983, S. CCXCVII (Vorderseite)

Bedenken wir die Möglichkeit, dass jemand in einer glücklichen, aufwärts führenden Lebensphase auf diesen Psalm stößt; der/die wird den Vers sicherlich spontan bejahen: Ja, Gott hat mich begleitet, gestärkt, gesegnet.

Aber was ist mit dem/derjenigen, der/die sich im Unglück, im Elend und in Verzweiflung befindet? Er/sie könnte u. U. hoffen, dass Gott ihn/sie noch in ein gutes Leben führen werde. Aber ist das sicher? Und wenn nicht? – Es ist allzu bekannt, dass Tausende, ja Millionen von Menschen vom einen Unglück ins andere stürzen! Ist Gott denen barmherzig?

Hierauf eine Antwort geben zu wollen, wäre vermessen. Trotzdem wage ich mich an dieses Vermessene: Woher wissen wir denn, dass unser Unglück die Barmherzigkeit Gottes widerlegt? Könnte unser Unglück nicht sogar ein Beweis für die Barmherzigkeit Gottes sein. Dies hat Luther anhand von Psalm 4, 4 („Erkennet doch, dass der HERR seine Heiligen wunderbar führt") überlegt und ausgesprochen: „Dagegen zeiget uns die Schrift und dies Euangelium <Luk. 2, 42-52, der zwölfjährige Jesus im Tempel>, wie Gott gar widersinnig und (wie der vierte Psalm sagt) wunderbarlich handelt mit seinen Heiligen, und je hoeher er sie begnadet, ehret und hebt, je tiefer er sie beide in Kreutz und Leiden, ja in Unehre, Schande und Verlassenheit steckt."[93] Hier zeigt sich Luthers Widerspruchsdenken bzw. seine Dialektik: Das „wunderbarlich" von Psalm 4, das im direkten Wortverständnis als (positives) Wunder zu verstehen ist, deutet er zu einem negativen „Wunder" (Kreuz und Leiden) um, das uns zugleich das Heilshandeln Gottes vermittelt.

Dass die Barmherzigkeit Gottes aus dem Unglück hervorgehen kann, ist sehr schwer zu denken. Ich versuche gleichwohl, dies an Beispielen deutlich zu machen.

a) Jemand verliert ein Bein. Danach bricht der Krieg aus und er muss deshalb nicht einrücken. In gewisser Weise hat er damit durch sein Unglück Glück gehabt. – Das werden wohl noch viele akzeptieren.

b) Schwierig wird's beim nächsten Beispiel, das aber das zentrale Ereignis in den Evangelien darstellt. Jesus bei seinem Gang nach Jerusalem und seiner dortigen Verkündigung. Der Erfolg bleibt aus, bzw. es *erfolgen* Anklage, Prozess und Hinrichtung. Nach seinem Tode steht er freilich wieder auf, und seine Lehre wird über weite Teile der Welt verbreitet. Die meisten ChristInnen werden dies akzeptieren, wenn sie auch intensiv fragen müssen, was „Auferstehung" heißen soll und wie sie verstanden werden kann.

c) Nun aber wieder ein nicht-religiöses, auch nicht ganz leicht zu akzeptierendes Beispiel: Jemand leidet an einer schweren Krankheit. Die Ärzte geben ihn auf. Er ist „austherapiert". Dann stirbt er. Verwandte und Bekannte werden sagen: Der Tod war eine Erlösung für ihn. Das wird ihnen nicht leicht, aber doch über die Lippen kommen.

Kehren wir jedoch lieber noch einmal zu Psalm 103 zurück. Dort heißt es im 11. Vers: „Denn so hoch der Himmel über der Erde ist, lässt er seine Gnade walten über denen, die ihn fürchten."

---

[93] WA 17/II, 17, 8 ff. (Luthers Deutsch ist modernisiert)

Dieser Psalmvers will erst einmal sagen, dass Gott weit über uns ist. Natürlich müssen wir klarer Weise das Weltbild der Antike beiseite schieben: Hielt die Antike den Himmel für ein Gewölbe über uns, an dem die Sterne befestigt sind, so sehen wir heute in die fernsten Galaxien, ja in Räume und Zeiten zurück fast bis zum Urknall (wir sind ja so informiert und gescheit!). Sowohl der Himmel der Antike, aber auch das unermessliche Weltall von heute könnten wohl mit Gottes Überlegenheit über uns zu tun haben, einer Überlegenheit, die uns zugleich ferne, aber auch unermesslich *nahe* ist, etwa so, wie Augustinus die Stellung Gott beschrieb: „interior intimo meo": innerer als mein Innerstes.

Dieser Höchste-Innerste (ist er ein Er, eine Sie, ein Es?) „lässt seine Gnade walten". Für wen? „Über denen, die ihn fürchten". Das Fürchten der hebräischen Bibel ist durchaus ein Fürchten wie bei uns, ein Erschrecken über das Handeln Gottes, darüber hinaus aber auch noch ein Ehr-Fürchten, ein Verehren, eine Anhängerschaft, ein Hoffen, ein Glauben, das aber nie glaubt, „Gott sei in unserer tasche" (Luther)"[94].

9.5. Psalm 104, 24

„HERR, wie sind deine Werke so groß und viel! Du hast sie alle weise geordnet, und die Erde ist voll deiner Güter."

Dies ist eine andere, aber sehr gängige Beschreibung Gottes: Er ist – wie schon anhand von Psalm 33 ausgeführt – der Schöpfer. Der ganze Psalm 104 redet und singt von der Schöpfung. Wir können die Vielfalt der Natur, die gigantische Größe des Universums, aber auch die Inspirationen zum Guten und Schönen, womit Gott uns Menschen begnadet, seine Werke nennen. Nach der Betrachtung des einen und anderen dürfen wir ruhig auch auf unsere Zweifel bedenken und unsere Einwände aussprechen und/oder meditieren: Sind nicht die Inspirationen – "Begnadungen" genannten Fähigkeiten – der Menschen auf ihre eigene Kreativität (Schöpferkraft) zurückzuführen? Haben nicht das Universum und die Natur einen ganz eigenen Ursprung, der nicht sofort „Gott" heißen muss?

Da fällt uns dann wieder die gängige physikalische Theorie vom Urknall (big bang) ein. Sie besagt, dass aus einem einzigen Punkt mit der Ausdehnung Null und dem Inhalt Null, genannt: Singularität, das ganze Weltall durch eine unvorstellbare Explosion – wirklich unvorstellbar, nicht nur sehr groß! – hervorgegangen sein soll. – Vom Schöpfer können wir Weisheit bei der Schaffung der Welt erwarten („Du hast sie alle weise geordnet..."), vom Urknall nicht. Vom Schöpfergott sind auch wir, die Menschen, in seiner Schöpfung vorgesehen (Vers 23: „So geht dann der Mensch aus an seine Arbeit und an sein Werk bis an den Abend"), vom Urknall nicht. Dass Milliarden von Jahren nach dem Urknall Menschen entstanden seien, kann weder die Physik noch die Biologie noch sonst eine Naturwissenschaft erklären. Es muss wohl als Zufall betrachtet werden. Damit ist nichts gegen die

---

[94] WA 50, 473, 40

Naturwissenschaft gesagt; aber sie kann nur diese und jene Teilaspekte der Natur erklären, nicht das Ganze und auch nicht uns Menschen.

Die Schöpfungslehre der Bibel und besonders des Psalms 104 sind antik und z. T. in der Tat naiv, aber sie beschreiben ein Nahe- und persönliches Verhältnis zwischen Gott und Mensch, das sich zwischen uns und dem Urknall bzw. uns und dem Zufall nicht einstellt.

Meditieren wir also über die „Werke" in der Welt – wir können zwar an Gott zweifeln, nicht aber an seinen Werken! – und lassen wir uns dann von Psalm 104 „verführen", die Weisheit des Schöpfers dabei mitzubedenken...

9.6. Psalm 139, 1-2

"HERR, du erforschest mich und kennest mich.
Ich sitze oder stehe auf, so weißt du es; du verstehst meine Gedanken von ferne."

Anhand dieser beiden Verse können wir uns vor allem Gedanken darüber machen, ob und wie es möglich ist, dass mich jemand so genau kennt wie Gott. Freilich, jemanden gibt es in der Tat: mich selber. In der späten Neuzeit wurde besonders oft darauf Bezug genommen, dass die Begegnung mit Gott oder die Suche nach einer solchen Begegnung eine Begegnung mit mir selbst heißen könne. Es ist wahr, ich bin schon stets bei mir und kenne mich – und daraus kann man schließen: Dann wird Gott mich wohl ebenso gut kennen, wie ich mich. Jedoch das Gegenteil passierte wohl schon manchem von uns: Wir taten, fühlten oder dachten etwas, von dem wir sagen mussten: "Ich kenne/kannte mich selbst nicht mehr." Und darin liegt das vom angeführten Psalmvers eröffnete Meditationsziel: In der Begegnung mit Gott, die durchaus ebenso eine Begegnung mit unserem Selbst sein darf, einen neuen Aufschluss über uns selbst zu erhalten.

Aber "von ferne" versteht Gott meine Gedanken? Eine abmessbare Distanz Gottes zu uns – etwa in Kilometern – wird man wohl Gott nicht zuschreiben. Vielleicht heißt "von ferne" im Voraus? Zeitlich früher, als ich meine Gedanken selber denke? Das ist im Hebräischen (merachoq) nicht gesagt – aber es könnte sein... Da entsteht die Frage: Würden wir das wollen? – In der Tat wäre es manchmal wünschenswert, dass mich jemand besser kennen würde, als ich selber. Augustins hat Gott als einen solchen "Kenner" oder besser "Bei-mir-Seienden" verstanden, wie schon angeführt, wenn er im Gebet zu Gott spricht: „Du aber warst noch innerer als mein Innerstes und noch höher als mein Höchstes."[95] Gott ist mir *innerer* als ich selber und *höher* als mein Ich, das wohl gelegentlich in sich hinein, aber auch auf sich herunter blickt – beobachtend oder verachtend.

Dass Gott höher als ich und mir überlegen ist, kommt mit dem gewöhnlichen Gottesbild überein, aber mir *innerlicher* als ich selbst und mich *von ferne* und *im Voraus* verstehend, ist der Meditation wert...

---

[95] Augustinus: Confessiones III, 6, 11 („Tu autem eras interior intimo meo et superior summo meo.")

9.7. Gott, Sein, Nichts

Eine Methode des Begreifen Gottes besteht seit Langem darin, ihn mit der einfachsten Kategorie, die es überhaupt gibt, zu erfassen, dem Ist (so ist sogar der Gottesname "Jahwe" am Besten mit "Ist" zu übersetzen bzw. zu deuten). So lesen wir in Augustins Confessiones: „… bonum est, quidquid aliquo modo est: ab illo (scil. Deo) enim est, qui non aliquo modo est, sed est est." (Augustinus: Confessiones XIII, 31, 46 [… gut ist etwas, das auf irgendeine Weise ist: von ihm {scil. Gott} nämlich ist es, der nicht auf irgendeine Weise ist, sondern das Ist ist.])

Von da aus ist es nicht weit, Gott als das Sein-Selbst zu bezeichnen, wie das Paul Tillich, mindestens in einem Bedingungssatz, tut: „… sogar ein Gott müßte verschwinden, wenn er nicht das Sein-Selbst wäre."[96]

Der Satz „Gott ist das Sein" stellt aber keinen Gottesbeweis dar: Sein sagt von jemandem oder etwas so wenig wie nur irgend möglich aus, sodass er oder es dem Nichts gleichkommt. Hegel hat das in seiner „Wissenschaft der Logik" so formuliert: „Seyn, reines Seyn, – ohne alle weitere Bestimmung… Durch irgendeine Bestimmung oder Inhalt… würde es nicht in seiner Reinheit festgehalten. Es ist die reine Unbestimmtheit und Leere… Das Seyn… ist in der That N i c h t s."[97] Das Nichts ist nun freilich eine ungemein häufig in unserer Lebenswelt und Existenz vorkommende Kategorie. Damit *ist* sie aber. Ich habe selbst gerade geschrieben: „ Das Nichts ist nun..." Diesen Satz kann man zwar verneinen und sagen: Das Nichts ist nicht. Da es aber so häufig in unserer Alltagssprache vorkommt, muss man mindestens danach fragen dürfen, warum das Nichts nicht ist. Und, wie Paul Tillich formuliert, gilt: „Wenn man fragt, warum nicht nichts *ist*, gibt man sogar dem Nichts ein Sein."[98]

In jüngster Zeit hat *Jean-Luc Marion* unter Berufung auf den Seinsdenker Heidegger und im Einklang mit Heidegger die Identifikation Gott=Sein abgelehnt: „Die erste Entscheidung, die Heidegger trifft und die dann auch bis zu seinen letzten Texten aufrechterhalten wird, besteht darin, eine klare Trennung zu ziehen zwischen der Theologie und der Frage nach dem Sein, ja mehr noch, zwischen der Theologie und dem Wort *sein*.[99]

Augustinus setzt in seiner Gottesdefinition („aliquid quo nihil sit melius atque sublimius") [etwas im Vergleich zu dem nichts besser oder erhabener ist] wie nach ihm Luther Gott durch einen Vergleich mit dem Nichts in negative Beziehung. Dasselbe hat er vorher mit der negativen Beziehung auf Gottes Unaussprechlichkeit

---

[96] Tillich, Paul: Systematische Theologie, Bd. 1, Stuttgart ^{3}1956, S. 194

[97] Hegel, Georg W. F.: Ges. Werke, Bd. 21 (Wissenschaft der Logik, 1. Band von 1832), Hamburg 1985, S. 68 f. – Freilich darf man Hegel nicht auf diese Seinsaussage am Anfang seiner Logik verkürzen. Im weiteren Fortgang wird das Sein zum Wesen (a.a.O., S. 381), und im Begriff „wiederhergestellt": „Das Wesen ist die erste Negation des Seyns, … der Begriff ist die zweyte, oder die Negation dieser Negation, also das wiederhergestellte Seyn…" (Hegel, Georg W. F.: Ges. Werke, Bd. 12 [Wissenschaft der Logik, 2. Band von 1816], Hamburg 1981, S. 29)

[98] Tillich, Paul: Systematische Theologie, Bd. 1, Stuttgart ^{3}1956, S. 194

[99] Marion, Jean-L.: Gott ohne Sein, Paderborn ^{3}2014, S. 104

getan: „...Gott ist nicht einmal ‚unaussprechlich' zu nennen, da ja *etwas* gesagt wird, wenn dies gesagt wird."[100]

Es „hilft" daher gar nichts (zur Abwehr von Gottesbeweisen), wenn man Gott als Nichts auffasst. Es muss auf weiteres Befragen nämlich stets gesagt werden, was dieses Nichts IST – und schon sind wir wieder mitten im Diskurs der Gottesbeweise...

Sogar Luther hat mitten in seiner späten Genesisvorlesung Gott in negativer Weise mit dem Nichts in Beziehung gesetzt: „Daher erscheint in der Welt nichts trügerischer zu sein als das Wort Gottes und der Glaube, nichts haltloser als die Hoffnung auf die Verheißung. Überhaupt scheint nichts so sehr nichts zu sein als Gott selbst."[101] Luther sagt, dass Gott in den Augen der Welt nichts zu sein *scheint*; „videtur" kann zwar mit „scheint", aber auch „wird gesehen" („wird aufgefasst") übersetzt werden, darauf deutet „apparet" („erscheint"). Bezogen auf das Wort Gottes und den Glauben sind wir mit nichts konfrontiert, sagt Luther. Er will sagen, dass die Erscheinung Gottes, sprich: seine Form der Offenbarung und sein Wort (verbum Dei) aufs Höchste umstritten sind.

Die einfachste Meditation besteht darin, über Gott und nur über Gott zu meditieren. Ich habe bereits von der Schwierigkeit gehandelt, die die Psalmdichter wie auch die Propheten der Hebräischen Bibel mit dem Namen Gottes und den Bezeichnungen für ihn hatten. Es ist das aber dieselbe Schwierigkeit, die sie, wir und alle Menschen mit Gott haben. Weder die zu hörende Silbe *gott* noch diese 4 Buchstaben noch *god* oder irgendein anderes Wort oder ein anderer Name können diese Schwierigkeit aufheben.

\- - -

"Lobe den HERRN, meine Seele, und was in mir ist, seinen heiligen Namen!"
(Ps. 103, 1)

[100] Augustinus: De doctrina Christiana, Green, William M. (Hg.), Wien 1963 (CSEL LXXX), I, 6, 6 (S. 11, 14-16) [„... ne ineffabilis quidem dicendus est deus, quia et hoc cum dicitur, aliquid dicitur."]

[101] WA 43, 392, 16-18 <mit der Konjektur: fide statt fidei> („Ideoque in mundo apparet nihil esse fallacius verbo Dei et fidei, nihil vanius spe promissionis. Denique nihil magis nihil esse videtur, quam Deus ipse.")

Literatur

a) Bibel- und Psalmenausgaben:

Die Bibel nach der Übersetzung Martin Luthers (revidierte Fassung von 1984), Stuttgart 1985. <Ich zitiere die Psalmtexte nach dieser Übersetzung, aber unter Verwendung der aktuellen Rechtschreibung, also unter Verwendung von "ss" statt "ß" bei stimmloser Aussprache, z. B. "muss" statt "muß" etc.>

Die Bibel nach Martin Luthers Übersetzung, revidiert 2017, Stuttgart 2017.

Bibel in gerechter Sprache, Gütersloh, 3.Aufl., 2007.

Biblia. Das ist: Die gantze Heilige Schrifft (Luthers Bibelübersetzung), Wittenberg 1545, Nachdruck, Stuttgart 1983.

Biblia Hebraica Stuttgartensia, Elliger, K./Rudolph W. (Hg.), Stuttgart 1967/77.

Biblia sacra iuxta vulgatam versionem, Weber, Robert/ Fischer, Bonifatius (Hg.), 3. Aufl., Stuttgart 1983.

Der Goldene Psalter („Dagulf-Psalter") [geschrieben zwischen 783 u. 789], Faksimile-Ausgabe, Graz 1980.

Einheitsübersetzung der Heiligen Schrift; Psalmen und Neues Testament, Stuttgart/ Klosterneuburg (1980), 7. Aufl., 2008.

Der Ramsey-Psalter (geschrieben zwischen 1303 u. 1310), Faksimile-Ausgabe, Graz 1999.

Nova Vulgata Bibliorum Sacrorum, 2. Aufl., Rom 1986.

Werdener Psalter (geschrieben zwischen 1025 u. 1050), Faksimile-Ausgabe, Graz 1979.

Septuaginta. Id est Vetus Testamentum graece iuxta LXX interpretes, Rahlfs, Alfred (Hg.), Stuttgart (1935) 1979.

Synopsis quattuor Evangeliorum/ Aland, Kurt (Hg.), 11. Aufl., Stuttgart 1978.

b) Wörterbücher:

Georges, Karl E.: Ausführliches lateinisch-deutsches Handwörterbuch, Bd. 1-2, Darmstadt 1988.

Kluge, Friedrich/ Mitzka, Walther: Etymologisches Wörterbuch der deutschen Sprache, 25. Aufl., Berlin 2011.

Köhler, Ludwig/ Baumgartner, Waltere u. a.: Hebräisches und aramäisches Lexikon zum Alten Testament, IV Lieferungen u. ein Supplementband, Leiden/ New York/ Köln, 1967-1996.

Kühner, Hans: Lexikon der Päpste, Frankfurt a. M. 1960.

Leppin, Volker/ Schneider-Ludorff, Gury (Hg.): Das Luther-Lexikon, Regensburg 2014.

Metzler Lexikon christlicher Denker, Vinzent, Markus (Hg.), Stuttgart/ Weimar 2000.

Vries, Josef de: Grundbegriffe der Scholastik, Darmstadt 1983.

c) Psalmkommentare:

Dahood, Mitchell: Psalms 1-3, 8. print, Garden City, NY 1984.
Kraus, Hans-J.: 2 Teile, 6. Aufl., Neukirchen-Vluyn 1989.
Peters, Benedikt: Die Psalmen, 3 Bde, Bielefeld 2017.
Weiser, Artur: Die Psalmen, 2 Teile, 10. Aufl., Göttingen 1987.

d) Zur Weiterführund und Vertiefung:

Aitken, Robert: Zen als Lebenspraxis (1982), München 1988.
Die Bekenntnisschriften der Evangelisch-Lutherischen Kirche, Göttingen 2014 (Abk. BSELK plus Seitenziffer).
Die Bekenntnisschriften der evangelisch-lutherischen Kirche (1930), 12. Aufl., Göttingen 1998 (Ich zitiere nach der 10. Auflage 1986, Abk. BSLK plus Seitenziffer).
Benedikt XVI, Papst: Das Gebet der Psalmen, Illertissen 2013.
Brück, Michael von/ Lai, Whalen: Buddhismus und Christentum. Geschichte, Konfrontation, Dialog, München 1997.
Bsteh, Andreas (Hg.): Sein als Offenbarung in Christentum und Hinduismus, Mödling 1984.
Carrington, Patricia: Das grosse Buch der Meditation (1977), Bern/München/Wien, 4. Aufl., 1995.
Deichgräber, Reinhard: Mit den Ohren des Herzens lauschen. Anleitung zur Meditati on biblischer Texte, Göttingen 1999.
Denzinger, Heinrich/ Hünermann, Peter (Hg.): Enchiridion symbolorum definitionum et declarationum de rebus fidei et morum/ Kompendium der Glaubensbekenntnisse und kirchlichen Lehrentscheidungen, 37. Aufl., Freiburg i.Br./ Basel/ Rom/ Wien 1991.
Deshimaru, Taisen: Die Praxis der Konzentration. Zen und Alltagsleben (1978), Freiburg i. Br. 1986.
Dürckheim, Karlfried Graf: Meditieren – Wozu und wie (1976), 3. Aufl., Freiburg i. Br. 1993.
Eilenstein, Harry: Meditation. Strukturen, Wege und Erlebnisse im Bewußtsein, Norderstedt 2009.
Engel, Klaus: Meditation. Geschichte, Systematik, Forschung, Theorie (1995), 2. Aufl., Frankfurt a. M. 1999.
Enomiya-Lassalle, Hugo M.: Zen und christliche Mystik, 3. Aufl., Freiburg i. Br. 1986.
Enomiya-Lassalle, Hugo M.: Zen.Weg zur Erleuchtung(1960), 4. Aufl., Wien 1973.
Fagerberg, Holsten: Die Kirche in Luthers Psalmenvorlesungen 1513-16, in: Gedenkschrift für Werner Elert, Berlin 1955, S. 109ff.
Flasch, Kurt: Augustinus, Stuttgart 1980.
Flasch, Kurt: Warum ich kein Christ bin, München 2013 (Paperback 2015).
Fontana, David: Kursbuch Meditation. Die verschiedenen Meditationstechniken und ihre Anwendung, Frankfurt a. M. 1996.

Greshake, Gisbert: Naherwartung, Auferstehung, Unsterblichkeit, 5. Aufl., Freiburg i. Br./ Wien 1986.

Haag, Walter: Christliche Mystik am Beispiel Jan van Ruusbroec und ungegenständliche Meditation (Zen), Diss., München 1991.

Haas, Alois M.: Der Kampf um den Heiligen Geist. Luther und die Schwärmer, Freiburg/Schweiz 1979.

Hamm, Berndt: Gottes Nähe unmittelbar erfahren. Mystik im Mittelalter und bei Martin Luther, Tübingen 2007.

Hanson, Rick: Das Gehirn eines Buddha. Die angewandte Neurowissenschaft von Glück, Liebe und Weisheit, Freiburg i. Br. ^{4}2012.

Heubach, Joachim (Hg.): Gewißheit angesichts des Sterbens, Erlangen 1998.

Heubach, Joachim (Hg.): Luther und Theosis, Erlangen 1990.

Heubach, Joachim (Hg.): Der Heilige Geist, Erlangen 1996.

Illge, Hannes: Gewißheit durch das Wort. eine sprachphilosophische Untersuchung von Luthers fundamentaltheologischer Einsicht, Frankfurt a.M. u. a. 2009.

Ital, Gerta: Auf dem Weg zu Satori. Übersinnliche Erfahrungen und das Erlebnis der Erleuchtung, Bern & München 1971.

Iwand, Hans J.: Theologia Crucis, in: ders.: Nachgelassene Werke, Schellong, Dieter/ Steck, K.G. v. (Hg.), München 1966, S. 381 ff.

Jüngel, Eberhard: „Quae supra nos, nihil ad nos. Eine Kurzformel der Lehre vom verborgenen Gott“ (1972), in: ders.: Entsprechungen, München 1980, S. 202-251.

Kohlschmidt, Werner: Luther und die Mystik, Hamburg 1947.

Krey, Philip D. W. u. a. (Hg.): Luther's spirituality, New York 2007.

Leppin, Volker: Die fremde Reformation. Luthers mystische Wurzeln, München 2016.

Leroux, Neil R.: Martin Luther as comforter, Leiden u. a. 2007

Loewenich, Walther von: Luthers Theologia crucis (1929), 6. Aufl., Bielefeld 1982.

Mannermaa, Tuomo: Der im Glauben gegenwärtige Christus. Rechtfertigung und Vergottung. Zum ökumenischen Dialog, Hannover 1989.

Luther, Martin: Werke. Kritische Gesamtausgabe, Weimar 1883 ff. (Abk. = WA plus Band-, Seiten- und [z. T.] Zeilenziffern) [unter Benutzung der bei Chadwyk-Healy, 2001, erschienenen 2 CD-Roms].

Luther, Martin: Archiv zur Weimarer Ausgabe der Werke Martin Luthers, Hammer, Gerhard/ Biersack, Manfred (Hg.), Köln/ Wien 1981ff. (Abk. = AWA).

Luther, Martin: Werke in Auswahl/ Clemen, Otto (Hg.), Bonn 1912 ff. (und mehrere Neuauflagen). (Abk. = Clemen plus Band- und Seitenziffer).

Marion, Jean-L.: Gott ohne Sein, 3. Aufl., Paderborn 2014.

Mikoteit, Matthias: Theologie und Gebet bei Luther. Untersuchungen zur Psalmenvorlesung 1532-1535, Berlin 2004.

Moltmann, Jürgen: Der gekreuzigte Gott, 5. Aufl., München 1987.

Nicol, Martin: Meditation bei Luther (1990), 2. Aufl., Göttingen 1991.

Nissen Andreas: Gott und der Nächste im antiken Judentum. Untersuchungen zum Doppelgebot der Liebe, Tübingen 1974.

Otto, Eckart: Theologische Ethik des Alten Testaments, Stuttgart 1994.

Otto, Rudolf: Die Anschauung vom heiligen Geiste bei Luther (1898), Nachdruck Whitefish, Mont., 2010.

Plantinga, Alvin/ Tooley, Michael: Knowledge of God, New York, NY, 2009.

Rahner, Karl: Grundkurs des Glaubens. Einführung in den Begriff des Christentums, Sonderausgabe, 10. Aufl., Freiburg/ Basel/ Wien 2004.

Ruehl, Artur: Der Einfluss der Mystik auf Denken und Entwicklung des jungen Luther, Diss., Marburg 1960.

Schwarz, Reinhard: Martin Luther, in: Ruhbach, Gerhard/ Sudbrack, Josef (Hg.): Große Mystiker, München 1984, S. 185-202 u. 375-380.

Schweitzer, Albert: Die Mystik des Apostels Paulus (1930), Tübingen 1981

Seeberg, Reinhold: Die religiösen Grundgedanken des jungen Luther und ihr Verhältnis zu dem Ockamismus und der deutschen Mystik, Berlin 1931.

Shah, Idries: Die Sufis. Botschaft der Derwische, Weisheit der Magier, 4. Aufl., Köln 1984.

Spaemann, Robert: Das unsterbliche Gerücht. Die Frage nach Gott und die Täuschung der Moderne, 4. Aufl., Stuttgart 2007.

Spaemann, Robert/ Schönberger, Rolf: Der letzte Gottesbeweis, München 2007.

Spaemann, Robert: Meditationen eines Christen: Eine Auswahl aus den Psalmen 1-51, Stuttgart 2014.

Spaemann, Robert: Meditationen eines Christen: Eine Auswahl aus den Psalmen 52-150, Stuttgart 2016.

Stachel, Günter: Gebet – Meditation – Schweigen, Freiburg i. Br./ Wien 1993.

Suda, Max J.: Aktiver und passiver Glaube bei Luther, in: Wiener Jb. f. Theologie 7 (2008), S. 219-229.

Suda, Max J.: Die Ethik Martin Luthers, Göttingen 2006.

Suda, Max J.: Meditieren aus evangelischer Sicht, in: Wiener Jb. f. Theologie 5 (2004), S. 385-397.

Suda, Max J.: "Negation der Negation" bei Hegel und der Marxsche Atheismus, in: Die Logik des Wissens und das Problem der Erziehung. Nürnberger Hegel-Tage 1981, ed. W.- R. Beyer, Hamburg 1982, S. 173-182.

Sudbrack, Josef: Meditative Erfahrung – Quellgrund der Religion?, Mainz 1994.

Suzuki: Daisetz T.: Leben aus Zen. Wege zur Wahrheit (1973), Frankfurt a. M./ Leipzig 2003.

Swinburne Richard: The existence of God, Oxford u. a. 2004.

Wehr, Gerhard: Martin Luther – der Mystiker, München 1999.

Wertelius, Gunnar: Oratio continua. Das Verhältnis zwischen Glaube und Gebet in der Theologie Martin Luthers, Lund 1970.

Wink, Walter: The Powers, 3 Bde., Basingstoke/ Philadelphia/ Minneapolis, Minn. 1988-1992.

MIX
Papier aus verantwortungsvollen Quellen
Paper from responsible sources
FSC® C105338

Printed by Books on Demand GmbH, Norderstedt / Germany